LA

LIBERTÉ DES MERS

ET

LE CONGRÈS DE PARIS

PAR

HENRI MOREAU

AVOCAT A LA COUR IMPÉRIALE DE PARIS.

Extrait du CORRESPONDANT.

PARIS

CHARLES DOUNIOL, LIBRAIRE-ÉDITEUR

RUE DE TOURNON, 29.

1857

PARIS. — IMP. SIMON RAÇON ET COMP., RUE D'ERFURTH, 1.

LA

LIBERTÉ DES MERS

ET LE CONGRÈS DE PARIS

Lorsque, après vingt-deux années de guerre générale, les plénipotentiaires des différents États de l'Europe signèrent, le 30 mai 1814, le traité qui rendait la paix au monde épuisé, ils voulurent consacrer cette date à jamais mémorable par la réparation d'une grande iniquité sociale ; ils décrétèrent l'abolition de la traite des noirs. L'esclavage, frappé de la réprobation universelle, n'a pas tardé à disparaître dans la plus grande partie du monde civilisé.

Le Congrès assemblé à Paris en 1856 a voulu également prendre en main la cause de l'humanité; les représentants des grandes puissances de l'Europe ont pensé que, s'il n'était pas en leur pouvoir d'écarter toutes les éventualités de guerre, ils pouvaient au moins en diminuer les rigueurs pour l'avenir. Tel a été l'objet de leurs méditations les plus graves, tel a été le but qu'ils ont espéré atteindre en adoptant la convention du 16 avril 1856.

Cette convention, dont l'initiative revient exclusivement à la France, porte sur deux ordres de faits bien distincts. D'abord elle donne une sanction nouvelle aux principes par lesquels le droit des gens assure, en cas de guerre maritime, le respect du pavillon et du commerce des puissances neutres. Ensuite, en abolissant la course, elle réserve à la marine militaire de chaque État le droit exclusif de faire la guerre et de capturer les navires de commerce ennemis.

Si la déclaration du Congrès de Paris a un sort plus heureux que les traités qui l'ont devancée et survit à la paix, elle introduira de grands changements dans la guerre maritime, et, en modifiant profondément les moyens d'action de chaque puissance, elle aura la plus grande influence sur l'avenir de la liberté des mers.

La liberté des mers, il ne faut pas l'oublier, est à la fois la condition essentielle du développement paisible et progressif du commerce du monde et la garantie la plus sûre de l'indépendance des nations. Sans ce principe, on verrait s'établir sur l'Océan la domination jalouse et tyrannique d'une seule puissance devant la volonté de laquelle les autres États n'auraient qu'à s'incliner.

Aussi toutes les lois qui régissent les rapports internationaux sur mer en temps de paix ou en temps de guerre ont une telle importance, qu'il est nécessaire d'en rechercher la portée et d'en constater le mérite. — Les innovations apportées par le Congrès de Paris aux principes du droit maritime international répondent-elles aux nécessités sociales qui ont appelé l'attention des représentants de l'Europe? Telle est l'étude que nous nous sommes proposée. Quel que soit le résultat de notre examen, alors même que nous arriverions à démontrer que la décision du Congrès conduit fatalement à un résultat regrettable, nous n'en rendons pas moins un hommage sincère à la pensée qui la dictée. On ne peut s'empêcher d'y reconnaître et le caractère de générosité propre à des peuples civilisés, et la douceur du sentiment chrétien qui a transformé le monde par les inspirations de la charité universelle.

Afin d'apprécier à sa juste valeur la convention du 16 avril 1856, il faut rechercher les conditions dans lesquelles la guerre maritime s'était faite jusqu'alors, les adoucissements progressifs apportés aux règles du droit des gens, la part qui appartient aux grandes puissances de l'Europe dans ces heureuses modifications, les efforts que chacune d'elles a pu faire pour en accélérer ou pour en retarder l'avénement. Après avoir indiqué les enseignements que l'expérience des temps passés donne à notre époque, il nous sera plus facile de décider si le Congrès de Paris a réussi là où tant d'autres avaient échoué.

A l'origine des sociétés, la guerre transforme ceux qu'elle arme en ennemis impitoyables. Faire le plus de mal possible, voilà son but : aussi les actions les plus violentes et les plus cruelles sont, pour des nations belligérantes, autant de moyens qu'elles emploient sans le moindre scrupule. L'hostilité existe non-seulement d'État à État, mais d'homme à homme. Les actes que punissent les lois pénales en temps de paix, quand ils lèsent un citoyen, changent de caractère lorsqu'ils frappent un ennemi, et deviennent licites, quelquefois même héroïques ; l'esclavage, chose étrange à penser, ce hideux débris de la barbarie des siècles passés, paraît alors un bienfait ; le vainqueur cède à un premier sentiment d'humanité, il laisse la vie au vaincu et se borne à lui prendre sa liberté.

On conçoit que dans un pareil état social, où la vie de l'ennemi compte pour si peu, sa propriété ne soit pas respectée. L'un des effets de la conquête est de dépouiller complétement celui qui la subit : le droit romain la mentionne comme un des moyens d'acquérir consacré par le droit des gens[1].

Nulle part le christianisme n'a rencontré d'obstacles plus difficiles à surmonter que dans la lutte qu'il a engagée pour diminuer les horreurs de la guerre. Il lui a fallu bien du temps pour obtenir le respect de la personne, de l'honneur et de la propriété du vaincu. Le mal était si grand, il était si difficile de rompre entièrement avec les idées professées par l'antiquité païenne, qu'à une époque où les lois de la guerre avaient déjà reçu bien des adoucissements, au dix-septième et au dix-huitième siècle, des hommes essentiellement pacifiques, des publicistes éminents, se faisaient, dans leurs écrits, les échos fidèles de ces doctrines surannées.

Grotius et Vattel proclamaient la légitimité du pillage, en disant, d'après Cicéron, qu'il est naturel que l'on puisse dépouiller celui que l'on pourrait tuer sans forfaire à l'honneur[2].

D'après Bynskerskoek, la guerre légitime tout. Ainsi l'on peut frapper avec la même rigueur les hommes armés et les gens inoffensifs; l'empoisonnement, l'assassinat, l'incendie, sont permis. Grotius, tout en consentant à l'emploi du poison, avait eu quelques hésitations sur celui de l'assassinat, et s'était tiré de ce cas de conscience en établissant une distinction; mais Bynskerskoek rejette cette inconséquence, dont il trouve la condamnation dans la raison, ce véritable criterium du droit des gens, la raison qui nous dit que tout est permis contre un ennemi.

Cependant, si ces principes odieux semblaient avoir été légués dans toute leur barbarie par la société ancienne à la société moderne, le droit public de cette dernière n'était pas resté immobile, de nombreuses modifications apportées aux lois de la guerre annonçaient les progrès d'une civilisation chrétienne. On avait reconnu que l'hostilité n'existait réellement qu'entre les États et les armées chargées de vider leurs querelles et non entre les citoyens de chaque pays. Cela étant admis, la conquête ne pouvait plus avoir les mêmes conséquences qu'auparavant; elle donnait au vainqueur le droit de s'emparer de la souveraineté dans le pays conquis, mais non de la propriété. Le vainqueur pouvait percevoir les tributs, imposer des contributions de guerre; mais il devait respecter la propriété privée.

Tels sont les principes qui se sont peu à peu substitués aux anciennes règles du droit des gens; on a également compris que le but

[1] Cic. *De officiis*, lib. III, cap. VI; Grotius, liv. III., ch. DVI; Vattel, lib. III, ch. CLXIV.

[2] Ea quæ ex hostibus capimus jure gentium, statim nostra fiunt. *Inst. de rerum divisione.*

principal de la guerre n'était pas de faire éprouver à son ennemi le le plus de mal possible, mais d'obtenir le redressement des griefs qu'on pouvait avoir contre lui. Aussi la conscience humaine flétrit-elle énergiquement les actes de guerre qui ne trouvent pas leur excuse dans les nécessités de la lutte. Quelque grands que soient les services rendus par Louvois à la France, la cruauté avec laquelle il a fait ravager le Palatinat sera pour son nom une tache ineffaçable. Nulle part ce système n'a trouvé plus de réprobation qu'en France ; car il est en opposition flagrante avec les sentiments d'honneur et de générosité qui ont toujours dirigé notre monarchie ; et nous pouvons revendiquer avec un juste orgueil, comme les maximes constantes de notre pays, celles qu'énonçait Portalis dans son discours d'installation du conseil des prises :

« Entre deux nations belligérantes, les particuliers dont ces nations « se composent ne sont ennemis que par accident ; ils ne le sont point « comme citoyens, ils le sont uniquement comme soldats.. .. Faire en « temps de paix le plus de bien, et en temps de guerre le moins de « mal possible : voilà le droit des gens. »

La guerre maritime a moins profité que la guerre terrestre des progrès de la civilisation et de l'adoucissement général des mœurs ; les nations qui l'ont faite ont continué d'y pratiquer la barbarie et les violences qu'elles s'interdisent sur terre. Cette différence tient moins à la nature des choses qu'à l'ambition de tous les peuples qui se sont crus ou se croient assez forts pour exercer sur la mer une domination exclusive.

Il semblerait que cet élément insaisissable, placé par la Providence entre les différentes parties de la terre pour les unir et non pour les diviser, ne doive pas favoriser également le commerce de tous, et que les avantages qu'il procure soient faits pour un seul. Les nations qui ont tour à tour possédé les marines les plus florissantes n'ont vu dans leur supériorité que le moyen de fermer la mer au commerce des autres peuples. Au moyen âge, Venise réclame la souveraineté de l'Adriatique, Gênes a les mêmes prétentions sur la mer Ligurienne ; plus tard, l'Espagne et le Portugal se disputent l'Océan et ne renoncent à remettre la décision de cette querelle au sort des armes que par l'intervention du pape Alexandre VI.

Cette prétention à la souveraineté des mers était trop séduisante pour que l'Angleterre ne cherchât pas à la faire valoir. Dès le commencement du seizième siècle, Selden revendiqua pour son pays la propriété de l'Océan depuis les côtes de la Grande-Bretagne jusqu'au pôle et au littoral américain. Grotius, mieux inspiré que lorsqu'il allait chercher dans Cicéron les règles du droit des gens, soutint avec énergie le principe de la liberté des mers. Charles Ier intervint dans la polémique; mettant sa puissance au service de la logique de Selden, il chargea Carlton, son ambassadeur à la Haye, de demander aux États-généraux le châtiment de Grotius, afin d'effrayer ceux qui seraient tentés de marcher sur ses traces. La théorie de Selden, quelque faveur qu'elle ait d'abord trouvée auprès du gouvernement anglais, fut au moins officiellement abandonnée par lui. Le principe de la liberté des mers est depuis longtemps incontestablement admis; s'il se trouve des systèmes qui le mettent indirectement en question, ceux qui les professent sont trop habiles pour se hasarder à des attaques directes et sans ménagement.

Quoique la mer soit libre et ouverte à tous, la guerre a pour effet d'en restreindre l'usage et d'imposer aux parties non belligérantes certaines gênes et certaines obligations. Sur terre, les ravages de la guerre sont naturellement circonscrits dans le territoire des États ennemis; si le commerce y est exposé à toutes les chances qu'entraînent les hostilités, partout ailleurs il s'exerce paisiblement. La mer, au contraire, n'appartient à personne; les parties belligérantes peuvent aller s'y chercher et en venir aux mains à tel moment qu'il leur convient. Aussi le commerce des autres États ne serait jamais à l'abri de toute inquiétude, si l'on ne s'était mis d'accord à l'avance sur l'observation de certaines règles qui concilient les nécessités de la guerre et celles de la paix.

Pour arriver à une entente parfaite, il fallait déterminer les modes suivant lesquels la guerre devrait se faire, puis les droits et les devoirs des nations étrangères au conflit.

La guerre peut se faire par des armées levées, entretenues par l'État et ne relevant que de lui, ou bien en son nom par des troupes qui lui sont moins soumises et qui obéissent directement à leurs chefs munis d'une délégation expresse ou tacite de la puissance publique.

Le moyen âge ne connaît guère d'autres armées que celles qui se recrutaient d'après le second mode de système que nous avons indiqué. Les états de l'Europe n'avaient aucune homogénéité, la royauté n'y jouissait que d'une autorité nominale; elle ne pouvait faire face aux dangers qui menaçaient le pays qu'en demandant à ses vassaux le service militaire prescrit par les lois féodales. Le vassal ainsi appelé par son suzerain devait se joindre à lui avec ses hommes d'armes, et apportait, avec une bravoure héroïque, souvent une soif ardente de pillage, toujours une grande indiscipline.

Sur mer, l'état n'était pas mieux servi. Le roi s'adressait aux principaux négociants des ports de mer de son royaume; ceux-ci armaient leurs navires en guerre, et suppléaient aux produits pacifiques du commerce par le pillage du littoral de l'ennemi et la capture de ses vaisseaux. Si ce genre de guerre avait de grands avantages, il présentait d'incontestables inconvénients. Les armateurs, agissant pour ainsi dire exclusivement dans un but de lucre, échappant au contrôle de toute autorité publique, ne connaissaient ni frein ni mesure. Ne se bornant pas à prendre les vaisseaux ennemis, ils attaquaient les navires de puissances amies ou neutres, de telle sorte que la guerre tendait, par leur fait, à se généraliser. Enfin, après la paix, ceux qu'avait enrichis la guerre renonçaient difficilement à ses profits et la continuaient. De là ces pirateries qui désolèrent le moyen âge, comme elles avaient attristé les plus beaux jours de la puissance romaine.

Il était donc urgent de régulariser l'exercice d'un mode de guerre qui donnait lieu à tant d'abus. La France a le droit de revendiquer l'honneur d'avoir pris l'initiative. Une ordonnance rendue par le roi Charles VI, le 7 septembre 1400, *sur le faict de l'amirauté*, oblige ceux qui veulent armer en course à demander à l'amiral de France une commission qui leur était délivrée sous forme de lettres de *marques ou de représailles*[1].

Les corsaires étaient, en outre, soumis pour l'observation des dispositions de l'ordonnance à la juridiction de l'amiral[2].

L'exemple donné par la France ne fut pas stérile : si la course ne fut pas régularisée aussi promptement en Angletere, le Parlement, quatorze ans plus tard, imposait aux corsaires l'obligation de conduire leurs prises dans un port anglais et d'en faire la déclaration au conservateur. En 1487, le gouvernement des Pays-Bas prenait des mesures analogues.

Il ne suffisait pas d'avoir déterminé les conditions générales dans lesquelles la guerre maritime pourrait être à l'avenir légitimement faite, il fallait, pour assurer le respect des droits de tous, prescrire à ceux qui la feraient, soit sous les ordres directs du gouvernement, soit en vertu de la délégation de la puissance publique que contenaient les lettres de marque, certaines règles protectrices de la liberté des mers et des droits des puissances neutres.

Les premières formules de ces règles se trouvent dans le *Consulat de la mer*. Ce recueil, véritable coutumier général de la mer, fut rédigé à Barcelone ou à Marseille, à une époque fort incertaine, au treizième

[1] Ces lettres étaient ainsi nommées parce qu'elles étaient d'abord délivrées pour les représailles, qui s'exerçaient le plus souvent sur les frontières ou *marches*.

[2] Ordonnance du 7 décembre 1400, art. 3 : « Se aucun, de quelque estat qu'il « soit, mettait sur aucun navire à ses propres despens pour porter la guerre à « nos ennemis, ce sera par le congé et le consentement de nostre dit amiral ou « son lieutenant, lequel a ou aura au droict de son dit office, la cognoissance, « juridiction, correction et punition de tous les faicts de ladite mer et de ses dé- « pendances criminellement et civilement. »

ou au quatorzième siècle. Il indiquait les usages reçus dans tous les États riverains de la Méditerranée; plus tard, ses dispositions servirent de base au droit maritime international de l'Europe occidentale.

Voici comment il déterminait les droits des neutres. Les marchandises qui leur appartenaient n'étaient pas saisissables, qu'elles se trouvassent sur un navire neutre ou sur un navire ennemi. Les marchandises ennemies, au contraire, étaient déclarées de bonne prise même sur des navires neutres[1]. Pendant longtemps les navires armés en course furent soumis à ces règles.

La royauté, voulant se passer, dans la guerre terrestre, du concours des vassaux trop puissants pour s'astreindre à une obéissance passive et à une discipline sévère, trop intéressés à empêcher l'agrandissement du pouvoir du suzerain pour lui prêter un appui efficace, s'était préoccupée de bonne heure d'organiser une armée permanente.

Les intérêts de la centralisation et de l'unité du pouvoir avaient bien moins à redouter de l'indépendance de la marine marchande armée en course; aussi la marine militaire se développa-t-elle fort tard dans les divers États de l'Europe.

Vers la fin du quinzième siècle, le Portugal, puis l'Espagne, armèrent les premières flottes régulières. A cette époque, la France n'avait d'autre flotte que les vaisseaux de ses armateurs. François Ier veut-il attaquer les Anglais sur mer, c'est Ango, le célèbre marchand dieppois, qui équipe une escadre de navires de commerce, va chercher les ennemis de sa patrie, et rentre dans sa ville natale après une brillante victoire[2].

Quelques années après, Henri II, songeant à punir les Espagnols qui avaient fait saisir toutes les embarcations françaises qui se trouvaient dans les ports des Pays-Bas, s'adressait aux Dieppois, qui mettaient des navires à la mer et battaient les Espagnols.

L'Angleterre, pendant la plus grande partie du seizième siècle, fit plutôt la guerre par ses corsaires que par des flottes régulières; c'est à eux surtout qu'elle doit les exploits maritimes qui illustrèrent le long règne d'Élisabeth, c'est parmi eux qu'il faut chercher Drake, le premier de cette nombreuse série de grands capitaines dont l'Angleterre s'enorgueillit à si juste titre.

[1] Pardessus, *Collection de lois maritimes*, t. II. Consulat de la mer, ch. CCLXXVI, p. 503.

[2] Ce fust luy, luy seul qui fist armer
La grande flotte expresse mise en mer
Pour faire voir à l'orgueil de l'Angleterre
Que François était roy et sur mer et sur terre.
(Quatrain du poëte du Puy de l'Assomption de Dieppe.)

Vitet, *Histoire de Dieppe*, p. 454.

La prise de Calais par le duc de Guise avait convaincu le gouvernement anglais que toute tentative de domination directe sur le continent serait désormais infructueuse; il voulut s'assurer une influence prépondérante dans les affaires de l'Europe, en s'emparant de la souveraineté de la mer. Telle fut, à partir de ce moment, l'idée fixe de toutes les dynasties, de tous les gouvernements qui se sont succédé dans ce pays; telle est l'œuvre à laquelle ont travaillé Élisabeth, les Stuarts, Cromwell, Guillaume d'Orange, les princes de la maison de Brunswick et tous les grands hommes d'État qui ont pris place dans les conseils du prince et de la nation; tel est le but qu'ils ont tous poursuivi avec cette patience énergique que rien n'a découragé, et qui a élevé si haut, dans la grande famille des peuples, la race anglo-normande.

Quelle va être l'attitude de l'Angleterre, aspirant à la suprématie des mers, dans les luttes qu'elle devra soutenir contre les autres puissances de l'Europe? Suivra-t-elle strictement les principes établis par le droit des gens, pour réglementer les obligations des nations belligérantes envers les marines neutres? Ses propres lois semblaient l'y convier.

« La grande charte des Anglais, dit Montesquieu, défend de saisir « et de confisquer, en cas de guerre, les marchandises des négociants « étrangers, à moins que ce ne soit par représailles. Il est beau que la « nation anglaise ait fait de cela un des articles de sa liberté[1]. »

Nous voudrions pouvoir également féliciter le peuple anglais d'avoir observé cet article de sa liberté, avec autant de constance qu'il en a su mettre à la défense des autres; mais l'histoire nous oblige à ne pas aller dans nos éloges plus loin que Montesquieu. L'Angleterre, dirigée par un seul mobile, l'intérêt de sa prépondérance sur l'Océan, s'est aussi peu inquiétée des prescriptions de la grande charte que des règles du consulat de la mer. Si les principes du droit des gens faisaient obstacle à la réalisation de ses desseins ambitieux, elle n'en a tenu aucun compte, elle a violé, sans le moindre scrupule, les engagements pris par elle dans les traités, elle n'a envisagé que la souveraineté du but qu'elle voulait atteindre.

Depuis la seconde moitié du seizième siècle commence une lutte bien longue, marquée par des fortunes bien différentes, dans laquelle on voit, d'une part, la France faussement accusée de rêver à la monarchie universelle, s'efforcer d'ouvrir la voie des progrès et d'y entraîner l'Europe derrière elle. L'Angleterre, au contraire, s'applique à maintenir toutes les rigueurs de la guerre maritime; ses hommes d'État épuisent les ressources de leur génie pour infliger de nouvelles vexations à ses ennemis comme aux neutres.

[1] Montesquieu, *Esprit des Lois.*

Tel est le caractère général de cette lutte, tel est le rôle des deux grandes puissances qui y ont pris la part principale; cependant certains publicistes se sont complétement mépris sur ce point. Il n'y a pas de fait qu'ils ne travestissent ou dont ils ne dénaturent la portée, pour imposer leur erreur au public. D'après eux, l'Angleterre aurait le droit de réclamer l'initiative de toutes les réformes utiles du droit maritime international.

Que ce système ait quelque faveur de l'autre côté du détroit, nous ne saurions nous en étonner, l'amour de la patrie fausse souvent le jugement d'un écrivain, et l'empêche de saisir tout ce que la politique du gouvernement de son pays a d'odieux; tout en ne partageant pas cette erreur, nous nous expliquons le sentiment qui l'a inspirée.

Mais nous ne pouvons pas avoir la même manière de voir à l'égard de ceux de nos compatriotes qui ont cherché à populariser un thème aussi blessant pour la vérité que pour l'honneur national. Nous admirons, il est vrai, l'organisation politique de l'Angleterre. Quelle nation a su établir le principe d'autorité sur des bases plus solides? Où trouver une combinaison plus heureuse des libertés publiques et des droits du pouvoir, des garanties plus sûres de l'ordre social, un respect plus religieux des droits de tous, une conscience plus vraie de la dignité de chaque citoyen? Est-il un esprit éclairé qui, en voyant le tableau des grandeurs de l'Angleterre retracé dans les colonnes de cette revue par M. le comte de Montalembert, ne se soit associé à l'admiration, aux regrets et aux espérances de l'illustre écrivain! Nous désirons aussi l'alliance de la France et de l'Angleterre; la paix du monde en dépend : il faut seulement, pour que cette alliance puisse être durable, que les conditions en soient également honorables et avantageuses pour les deux pays. Tels sont nos principes. Si dans l'examen du rôle de l'Angleterre, vis-à-vis des neutres, dans les guerres maritimes, il nous échappait des appréciations sévères, des paroles un peu dures, nous protestons énergiquement contre ce que l'on voudrait leur faire dire au delà de notre pensée. Loin de nous le projet impie de raviver de vieilles rancunes, des animosités aujourd'hui éteintes, nous ne nous proposons que de signaler à la France et à l'Europe les dangers qui peuvent les menacer.

Certaine école qui se croit fort libérale ne s'arrête pas à la limite extrême que nous venons de nous tracer, elle se laisse prendre aux faux airs révolutionnaires que l'Angleterre sait si bien se donner, elle ne se borne pas à appeler de tous ses vœux le succès d'une politique extérieure qui n'a d'autre but que l'asservissement du monde entier aux intérêts britanniques; mais, pour reconnaître les espèces d'avances qui lui sont faites, elle sacrifie à l'Angleterre toutes nos gloires nationales : elle appelle cela de l'impartialité. Nous laissons le soin de qualifier cette attitude à ceux qui voudront bien nous suivre dans l'examen des faits qui composent l'histoire du droit des gens en matière de guerre maritime; ils verront s'il y a la moindre justice à attribuer à l'Angleterre l'initiative du progrès qui a toujours appartenu à la France.

Dès le seizième siècle, les règles du consulat de la mer qui formaient le droit commun de l'Europe étaient foulées aux pieds par les Anglais. François Ier, se croyant autorisé à des représailles, dérogea ces prescriptions par un édit de 1543, et autorisa la capture des marchandises neutres sur les navires ennemis. Un édit de 1584 renouvela la disposition de l'édit de 1543.

En Angleterre on allait bien plus loin, non-seulement on saisissait les marchandises neutres sur les navires ennemis, mais encore on se refusait le plus souvent à reconnaître le caractère neutre des cargaisons capturées sur les navires de guerre, soit en les attribuant à l'ennemi, soit en les considérant comme *contrebande de guerre*, c'est-à-dire comme destinées à donner à l'ennemi des moyens d'attaque ou de défense. Enfin, les navires neutres nantis de ces marchandises étaient confisqués. Vainement on a voulu trouver dans l'édit de 1584 une clause expresse autorisant la saisie des navires neutres ayant à leur bord des marchandises ennemies. Cette interprétation a contre elle l'autorité de Cleirac, l'un des plus anciens commentateurs des lois maritimes, et les réclamations adressées par la France au gouvernement anglais à raison des faits de ce genre.

Le maréchal Bassompierre, chargé d'aller négocier à Londres le mariage d'Henriette de France avec Charles Ier, reçut des instructions pour se plaindre de diverses infractions au droit des gens commises par des sujets anglais dans les précédentes guerres maritimes. Le cabinet de Whitehall se montra plein de courtoisie, une commission fut nommée pour examiner les griefs de l'ambassadeur de France, et rédigea un mémoire, qui fut remis à ce dernier, le 10 novembre 1626.

Dans cette réponse, on commençait par invoquer les principes du droit maritime international (*the common and consuetudinary positive international maritime law*), puis on en déduisait comme conséquence les règles suivantes :

1° Les navires neutres ne sauraient recevoir de marchandises ennemies sous peine de confiscation ;

2° Toutes les marchandises qui sont sur des bâtiments ennemis sont de bonne prise, quelle que soit la nationalité de leurs propriétaires ;

3° Si les propriétaires des marchandises sont associés avec les négociants des pays belligérants, la confiscation peut encore avoir lieu.

Enfin on donnait de la contrebande de guerre une définition tellement vague, qu'elle se prêtait aux interprétations les plus extensives.

Voici en quels termes le maréchal Bassompierre répondit aux doctrines de l'amirauté anglaise :

« Le maréchal Bassompierre convient que les marchands des pays « neutres ne doivent porter dans leurs navires, ni faire passer sous « leurs nom et adresse, les denrées des marchands des pays guer- « royants, mais il déclare que les vaisseaux desdits marchands neutres, « et les marchandises qui véritablement leur appartiennent, ne sont « pas pour cela confiscables, ains seulement les étrangères qu'ils « auront avouées. Il consent, comme chose raisonnable, que les vais- « seaux confiscables rendent les marchandises confisquées.

« Finalement il faut spécifier quelles sortes de marchandises sont dé- « clarées contrebande, car MM. les commissaires entendent toutes « sortes de vivres et de munitions de guerre, et le maréchal Bassom- « pierre s'arrête à ce qui a été contrebande par le passé, rien de plus. »

Il est inutile d'insister longtemps sur la portée de cette négociation : rappeler son objet, c'est faire voir où étaient le progrès et le désintéressement, et quels étaient ceux qui prenaient alors en main la cause de la civilisation.

La France continuait avec persévérance ses efforts pour faire triompher les principes favorables à la liberté des mers. Une ordonnance du 1er février 1650 dérogea aux dispositions de l'édit de 1584, et consacra de nouveau les règles du consulat de la mer. Quelques années après, Cromwell répondait à ces mesures libérales par l'Acte de navigation, et par une série d'autres actes qui ne pouvaient laisser aucune incertitude sur les prétentions de l'Angleterre à la souveraineté des mers. Aussi y eut-il un temps d'arrêt bien marqué dans le progrès du droit des gens. Le gouvernement de Louis XIV, soucieux des insultes faites à la dignité nationale, entra largement dans la voie des représailles. Nous ne saurions applaudir à ce système, mais la responsabilité principale en doit retomber sur la politique anglaise.

Dès le quatorzième siècle, une coutume aussi sage qu'humaine avait soustrait les bateaux pêcheurs des nations belligérantes aux rigueurs de la guerre[1]. Observée religieusement par la France, cette loi internationale était constamment méconnue par l'Angleterre. « Aussi l'in- « justice d'une telle conduite obligea enfin Louis XIV à renoncer à ces « sortes de traités toujours désavantageux aux Français[2]. »

[1] Valin, *Commentaire de l'Ordonn. de la marine*, t. II, p. 690.

[2] Ce fait est attesté par Froissart de la manière suivante : « Pescheurs sur mer, quelque guerre que soit en France et en Angleterre, jamais ne se firent mal l'un à l'autre, ainçois sont amis et s'aident l'un et l'autre au besoin. » Cet usage est mentionné par Cleirac, dans l'art. 80 de la *Juridiction de la marine*, qui attribue à l'amiral de France le droit de le réglementer, en accordant des *trêves pescheresses*.

L'ordonnance de 1681 sur la marine ne reproduisit point les dispositions des anciens édits royaux sur cette matière. Entrant d'une manière complète dans la voie des représailles, non-seulement elle abolissait l'ordonnance de 1650, mais elle ajoutait encore de nouvelles rigueurs à celles de l'édit de 1584, en autorisant la confiscation des navires neutres chargés de marchandises ennemies.

Dans la guerre à outrance qui s'éleva entre la France et l'Angleterre, les navires armés en course rendaient à l'État des services presque aussi grands que la marine royale. Le cabinet de Versailles ne négligeait rien pour en favoriser l'équipement, il prêtait souvent aux négociants des villes maritimes du royaume des vaisseaux ou de l'artillerie. Une ordonnance du 5 octobre 1674 établissait les conditions de ces prêts. On prélevait sur les produits de la prise le dixième pour les droits d'amirauté, le tiers pour l'État; le reste appartenait à l'équipage et aux armateurs.

Après les désastres de la Hogue, l'armement en course devint la seule ressource de la France pour lutter contre la marine militaire de la Grande-Bretagne et de la Hollande; le commerce des puissances alliées, protégé par des flottes nombreuses, n'en trembla pas moins devant l'audace et l'énergie des corsaires, qui seuls faisaient respecter le pavillon français sur l'Océan. Nous empruntons au récit de M. Th. Lavallée le résumé des hauts faits qui illustrèrent alors notre marine marchande.

« C'était moins par ses flottes que par ses corsaires que la France « dominait les mers. Il sortait continuellement des ports de France « des escadres montées par Duguay-Trouin, Jean Bart, Forbin, Nes- « mond, Pointis, Ducasse, qui pillaient les côtes d'Espagne, essayaient « des débarquements en Écosse et en Irlande, enlevaient tous les con- « vois; ou bien de simples navires montés par d'intrépides marins qui « s'aventuraient à des expéditions lointaines avec une audace presque « fabuleuse. On trouvait les corsaires français partout; ils apparais- « saient à la fois sur toutes les côtes, ils affrontaient de gros navires, « perçaient une grande flotte, semblaient se jouer des vents comme « des ennemis. C'étaient presque tous Bretons ou Normands durs aux « fatigues, insoucieux des dangers, avides de butin, qui venaient en- « suite pleins de joie rapporter les dépouilles des marchands de Londres « et d'Amsterdam, à Dunkerque, à Dieppe, au Havre et à Saint-Malo. « Saint-Malo était devenu la plus riche ville maritime de France, ses « corsaires étaient les plus hardis, ses vaisseaux les plus légers, ses « prises les plus nombreuses : en neuf ans, elle captura deux cent « soixante-deux vaisseaux de guerre, et trois mille trois cent quatre- « vingts bâtiments marchands. Les Anglais étaient pleins de fureur contre « cette ville : une flotte de vingt vaisseaux vint la bombarder (20 no-

« vembre 1693), et lança sur elle un brûlot immense qui l'aurait dé-
« truite de fond en comble, s'il n'eût éclaté à une demi-lieue en mer[1]. »

Si le gouvernement de Louis XIV suivit trop fidèlement l'Angleterre sur le terrain de la violation des principes du droit international maritime; s'il crut, pour mener la guerre à bonne fin, ne devoir reculer devant aucun des moyens énergiques dont l'usage était légitimé à ses yeux par l'exemple de ses ennemis, il serait injuste de ne pas reconnaître qu'il s'appliqua à diminuer les inconvénients qui résultaient pour le commerce de l'armement en course. L'ordonnance de 1681 sur la marine, l'un des plus grands monuments législatifs de cette glorieuse époque, assujettissait les corsaires à une discipline plus rigoureuse, et rendait les tentatives de piraterie impossibles. Les tribunaux français, s'inspirant sans doute de la pensée du chef de l'État, n'appliquaient pas avec la dernière rigueur la règle qui ordonnait la confiscation du navire neutre sur lequel on avait trouvé des marchandises ennemies. La preuve la plus certaine en est dans un arrêt du Conseil, du 26 octobre 1692, qui se borne à prononcer la confiscation des marchandises saisies.

Les Anglais, au contraire, multiplaient les vexations qu'ils faisaient éprouver aux neutres. Guillaume III avait à peine chassé son beau père du trône de la Grande-Bretagne qu'il inventait le système de *blocus sur le papier* (blockade paper) ou *blocus de cabinet*, que le gouvernement anglais a mis depuis si souvent à profit. Par un acte du 22 août 1689, il déclarait tout le littoral de la France en état de blocus, et par cela même interdisait aux neutres le commerce, non-seulement avec les points de la côte dont ses flottes pouvaient fermer l'accès, mais aussi avec ceux dont les abords restaient libres. Les États généraux de Hollande cherchèrent à ne pas s'associer à cette mesure, ils semblaient comprendre tous les dangers que présentait pour leur pays une alliance trop intime avec une puissance rivale, aux intérêts de laquelle ils devaient sacrifier les leurs ; si Guillaume a fait beaucoup pour la grandeur de l'Angleterre, il fut certainement le mauvais génie de la Hollande, son influence contraignit les États généraux à se joindre à la déclaration de blocus qu'il avait faite.

Nous avons déjà rappelé comment le maréchal Bassompierre avait protesté contre la facilité avec laquelle l'amirauté anglaise déclarait de bonne prise les cargaisons neutres saisies par les ennemis. Pourvu qu'elle y trouvât quelque avantage, elle n'hésitait pas à qualifier contrebande de guerre toute espèce de marchandises. La France n'atteignit jamais dans ses représailles ce degré d'iniquité. L'ordonnance de 1681 définissait comme contrebande de guerre les armes, poudres,

[1] Th. Lavallée, *Histoire des Français*, t. III, p. 293 et 294.

boulets et autres munitions de guerre, les chevaux et les équipages; elle fut scrupuleusement appliquée.

Au milieu de toutes ces guerres, quelques réclamations se faisaient entendre contre l'emploi de la course, elles avaient même abouti à faire signer, en 1675, entre la Hollande et la Suède, un traité aux termes duquel ces puissances, en cas de guerre future, s'interdisaient d'armer en course. L'éventualité prévue par cette disposition ne tarda pas à se réaliser; la foi jurée ne fut pas gardée. Le traité de 1679 en reconnaissait la violation, cette tentative si infructueuse ne fut pas renouvelée de longtemps.

Les traités qui interrompirent si souvent, et pour si peu de temps, les guerres du dix-septième siècle, substituèrent des règles nouvelles à celles que le consulat de la mer avait établies relativement au droit des neutres; la constatation de la nationalité des marchandises donnant lieu à mille difficultés, on pensa que l'on arriverait à un résultat plus pratique si l'on fixait le sort de la marchandise, non plus d'après la nationalité de son propriétaire, mais d'après celle du navire qui la transportait.

Cette nouvelle doctrine est appliquée pour la première fois dans la capitulation de 1604 entre la France et la Porte. Une stipulation du même genre se retrouve dans la capitulation de 1612 entre la Hollande et la Porte. En 1646, un traité conclu entre la France et la Hollande pose en principe que le pavillon neutre protége la marchandise qu'il couvre, à l'exception de la contrebande de guerre; les marchandises transportées par navire ennemi sont, au contraire, déclarées saisissables, quel qu'en soit le propriétaire. Des dispositions analogues se présentent dans les traités de la fin du dix-septième siècle.

Le traité d'Utrecht, conclu en 1713 entre l'Angleterre, la France et la Hollande, contient quelques dispositions sur les droits des neutres. Il proclama le nouveau principe : navire libre, marchandise libre; navire ennemi, marchandise ennemie. La contrebande de guerre restait toujours saisissable, elle était définie, comme dans l'ordonnance de 1681. La France voyait ainsi l'Angleterre rendre hommage aux principes jusque-là contestés par elle.

Dans les guerres maritimes qui signalèrent le règne de Louis XV, la France et l'Angleterre conservent le rôle que nous leur avons déjà vu prendre. L'Angleterre, au lieu de chercher la règle de sa conduite dans les principes auxquels elle avait donné une adhésion si éclatante, ne suivit d'autres lois que les instincts de son ambition : gouvernée par des ministres habiles dont le patriotisme exclusif ne reculait devant aucun moyen pour assouvir une haine effrénée contre la France, elle méconnut également les prescriptions des traités, celles du droit des gens, et les lois même de l'honneur. Elle préluda à la guerre de Sept-Ans par une perfidie indigne d'une grande nation. La guerre ne fut déclarée que le 18 mai 1756; cependant, dès 1755, deux vaisseaux de soixante-quatre canons, le *Lys* et l'*Alcide*, de l'escadre de M. Dubois de la Motte, étaient pris par l'amiral Boscawen. En outre, des corsaires munis de lettres de marque secrètement délivrées enlevaient deux cent cinquante navires au commerce français. Au moment même où ces actes de brigandage s'accomplissaient impunément, le cabinet de Saint-James donnait les assurances les plus amicales au duc de Mirepoix, ambassadeur de France à Londres, et déclarait formellement qu'il ne commencerait pas les hostilités.

Vattel relève un fait[1] qui montre comment les lois les plus saintes de l'humanité devenaient un jouet entre les mains de nos ennemis. Une frégate anglaise se présente devant Calais et fait des signes de détresse : quelque grands que fussent les ressentiments de la population du littoral contre l'Angleterre, elle ne voit plus dans l'équipage en détresse des ennemis, mais des hommes malheureux. Des chaloupes sont envoyées au secours du navire anglais, qui les laisse approcher paisiblement, puis, changeant tout à coup d'attitude, les capture sans coup férir. Le *blocus sur le papier*, dont nous avons déjà indiqué l'origine, fut de nouveau mis en usage par le gouvernement britannique.

Non contents d'imposer au commerce des neutres une gêne injuste, les Anglais abusaient du pavillon de ceux-ci pour tromper la vigilance de l'ennemi. Lorsqu'un navire croiseur veut s'assurer qu'un bâtiment qu'il rencontre n'est pas soumis aux lois de la guerre, il tire un coup de canon à poudre ou à boulet perdu pour sommer ce dernier de s'arrêter et de se prêter à la visite, il arbore en même temps son pavillon pour faire connaître sa nationalité. Ce signal s'appelle le *coup de semonce*. Afin de s'approcher avec plus de sécurité de la proie qu'ils convoitaient, les Anglais tiraient le coup de semonce et arboraient un pavillon neutre. Cette supercherie avait indigné notre marine qui avait voulu user de représailles. Mais le gouvernement s'était opposé avec énergie à l'adoption d'une pareille coutume, que le préambule d'une ordonnance de 1696 condamne comme « un procédé contraire à la foi publique et à l'honneur du pavillon français. »

Soixante ans plus tard, Valin attestait de la manière suivante que les maximes de la monarchie française sur ce point d'honneur n'avaient pas varié.

« Qu'on ne prétende pas se prévaloir, écrivait-il, de ce que, à l'imi-
« tation des Anglais qui semblent ne reconnaître les lois de la guerre
« pour en abuser, nos armateurs, et même les officiers des vaisseaux
« du roi se sont mis dans l'usage, dans la précédente guerre et dans
« celle-ci, de tirer le coup de canon de semonce sous un autre pavillon

[1] Valte, *Droit des gens*, III, ch. x., § 176.

« que celui du roi, alléguant qu'il faut en user avec l'ennemi de la « même manière qu'il en use avec nous, et qu'il suffit de ne pas com- « battre sous pavillon étranger. En effet, si l'usage, et surtout un « usage qui intéresse l'honneur et la probité, pouvait l'emporter sur la « loi, il n'y aurait rien à dire, mais ici on ne voit qu'un trait de lâcheté « et de perfidie que l'exemple de l'ennemi ne saurait justifier[1]. »

La paix de Paris (1763) termina d'une manière bien douloureuse pour la France la guerre de Sept-Ans. Presque toutes nos colonies étaient perdues. Quelques réclamations furent élevées par le cabinet de Versailles relativement aux prises faites avant la déclaration de la guerre. Chatam, que l'on pourrait appeler l'Anglais qui a le plus haï la France, s'il n'avait légué son génie et son aversion à son fils William Pitt, Chatam répondit que la prétention du gouvernement français ne reposait sur aucune convention particulière, ni sur aucun principe du droit des gens. Ce grand homme d'État était plus près de la vérité lorsqu'il faisait cet aveu : « Si nous voulions être justes envers la France « et l'Espagne, nous aurions trop à restituer. Les affaiblir et les com- « battre est notre unique loi, la base de tous nos succès[2]. »

Cependant l'Angleterre, jusqu'alors si heureuse dans la mise à exécution de ses grands desseins, allait rencontrer des obstacles qui arrêtèrent pendant quelque temps les progrès de sa domination sur les mers. Chatam, après avoir vu sa patrie triomphante ajouter des empires à ses possessions, devait vivre assez pour assister à l'insurrection de la plus belle des colonies anglaises de l'Amérique.

Les États-Unis, en proclamant leur indépendance, pouvaient compter sur le concours de puissants alliés. Le pacte de famille qui venait d'unir les différentes branches de la maison de Bourbon, garantissait l'équilibre européen contre la prépondérance de la politique anglaise. Louis XVI, dans une grande pensée nationale, avait appliqué toute son énergie et toutes les richesses de la France à relever sa marine des désastres des guerres précédentes; les navires s'élevaient sur nos chantiers comme par enchantement. L'Espagne, cédant à une noble émulation, sous le gouvernement réparateur de Charles III, se mettait en mesure de faire reparaître sur les mers le pavillon castillan, qui y avait été si longtemps respecté.

L'Angleterre, comprenant toute l'étendue du danger, commença la guerre par des hostilités subites; ses vaisseaux attaquèrent inopinément, près des côtes de France, la *Belle-Poule*, le *Pallas*, la *Licorne* et le lougre le *Coureur*. Louis XVI répondit à ces actes d'agression par une déclaration de guerre. En même temps, fidèle à la mission civilisatrice que la

[1] Valin, *Traité des prises*, ch. IV, sect. I, p. 42.
[2] Beaumarchais.

monarchie française s'est toujours imposée, il publiait une proclamation dans laquelle il assurait les puissances neutres de son respect pour leurs droits consacrés par le traité d'Utrecht. Une lettre du 5 juin 1779, adressée à l'amiral de France, ordonnait de protéger les pêcheurs non suspects. L'Espagne suivit l'exemple de son alliée, et fit, le 1er juillet 1779, une déclaration analogue sur les droits des neutres.

Le gouvernement anglais se crut assez fort pour ne tenir aucun compte des principes que la France et l'Espagne venaient de reconnaître et de revendiquer comme les leurs. Au mépris des dispositions du traité d'Utrecht, un ordre du cabinet déclara que les matériaux de construction rentreraient dans la contrebande de guerre. Peu de temps après, la Hollande recueillait les fruits de la politique étroite et antinationale de ses stathouders, qui depuis un siècle l'avaient inféodée à l'Angleterre, et l'avaient complétement sacrifiée aux intérêts commerciaux de cette dernière. Un ordre du conseil, du 17 avril 1780, dénonçait les traités existant avec la Hollande, par la seule raison que cette puissance désertait l'alliance anglaise.

Le ministère anglais avait mal choisi son heure pour prendre une attitude aussi hostile vis-à-vis des puissances neutres. Un revirement complet s'était opéré dans la politique de l'Europe. Pendant bien longtemps, l'Angleterre avait réussi à lui dissimuler ses envahissements et ses usurpations en lui inspirant des craintes sur l'ambition de la maison de Bourbon. Quelle que fût l'habileté de l'Angleterre, quelque favorables que les circonstances fussent à l'action de sa diplomatie, cet aveuglement ne pouvait durer; les puissances neutres devaient à la fin apercevoir les dangers que ferait courir à l'équilibre du monde la domination absolue d'une seule nation sur les mers.

Dès 1744, au début des guerres de la succession d'Autriche, le grand Frédéric se fit l'organe des premières inquiétudes de l'Europe, en demandant au gouvernement britannique quelles étaient ses intentions à l'égard des neutres. Lord Carteret répondit que ce n'était pas l'usage pour l'Angleterre de faire de pareilles déclarations, que, du reste, le pavillon prussien serait respecté comme celui des autres États. Frédéric ne trouva pas cette réponse satisfaisante; il s'aperçut bientôt que, s'il y avait égalité de traitement pour son pavillon et pour celui des autres puissances, c'était dans le même mépris du droit des neutres. En 1747, il adressa au cabinet de Saint-James de nouvelles réclamations, qui furent suivies d'une réponse aussi vague et de déprédations analogues à celles dont il s'était déjà plaint. Sa patience se lassa; voyant bien que la force pourrait seule avoir raison de tels procédés, il fit saisir, en 1751, les capitaux des négociants anglais hypothéqués en Silésie. Les ministres de Georges II, plus sensibles à ces représailles qu'à toutes les remontrances fondées sur la foi jurée dans les traités, ou sur les principes du droit des gens, se décidèrent, le 18 janvier 1753, à faire la déclaration qui leur était demandée, et prétendirent qu'ils observaient les règles du *Consulat de la mer*; en outre, une indemnité de vingt mille livres sterling fut payée aux sujets prussiens lésés par des prises indûment faites. La Prusse alliée de l'Angleterre, pendant la guerre de Sept-Ans, n'eut pas à se préoccuper des infractions sans nombre aux principes du droit des gens, dont cette dernière se rendit alors coupable. Mais, après le traité de Paris, une réaction générale s'était formée contre l'Angleterre, l'Europe avait enfin vu où étaient ses véritables dangers : elle accueillit avec faveur l'insurrection des colonies de l'Amérique; si elle ne prit pas ouvertement parti pour elles avec la France et l'Espagne, elle espérait trouver dans cette guerre l'occasion de revendiquer la liberté des mers, et d'affranchir son commerce des entraves sans nombre qui en gênaient le développement.

L'impératrice Catherine II, qui a élevé la Russie au rang de puissance de premier ordre en Europe, se mit à la tête du mouvement. Les intrigues du chevalier Harris (depuis lord Malmesbury), ministre d'Angleterre à Saint-Pétersbourg, furent inutiles; vainement il avait gagné à sa cause Potemkin, si puissant sur le cœur de sa souveraine; Catherine, cédant aux conseils éclairés du comte de Panin, son ministre des affaires étrangères, publia, le 28 février 1780, la déclaration suivante des droits des neutres :

L'impératrice dit « qu'elle s'est déterminée à faire respecter les « principes qu'elle trouve consignés dans le droit primitif des peuples, « que toute nation est fondée à réclamer, et que les puissances belli- « gérantes ne sauraient les invalider sans violer les lois de la neutra- « lité et sans désavouer les maximes qu'elles ont adoptées, nommé- « ment dans différents traités et engagements précités.

« Ils se réduisent aux points qui suivent :

« 1° Que les vaisseaux neutres puissent naviguer librement de port « en port et sur les côtes des nations en guerre;

« 2° Que les effets appartenant aux sujets desdites puissances en « guerre soient libres sur les vaisseaux neutres, à l'exception des mar- « chandises de contrebande;

« 3° Que l'impératrice se tient, quant à la fixation de celle-ci, à ce « qui est énoncé dans les articles 10 et 11 de son traité de commerce « avec la Grande-Bretagne, en étendant ces obligations à toutes les « puissances en guerre[1];

« 4° Que, pour déterminer ce qui caractérise un port bloqué, on

[1] Le traité de 1766, entre la Grande-Bretagne et la Russie, reproduit sinon dans sa lettre, du moins dans son esprit, la disposition du traité d'Utrecht relative à la contrebande de guerre.

« n'accorde cette détermination qu'à celui où il y a, par la disposition « de la puissance qui l'attaque avec des vaisseaux arrêtés et suffisam- « ment proches, un danger évident d'entrer;

« 5° Que ces principes seront de règle dans les procédures et les ju- « gements sur la légalité des prises. »

On s'est efforcé en Angleterre, à cette époque comme de nos jours, de nier la portée de la déclaration du 28 février 1780. Il y a un an à peine, un membre de la chambre des communes venant à en parler, à propos de la décision du congrès de Paris qu'il critiquait, prétendait ne trouver dans la déclaration des droits des neutres autre chose que le honteux résultat d'une lutte d'influence entre les courtisans débauchés de la femme la plus dévergondée que la Providence ait placée sur le trône de Russie[1]. Nous ne ferons pas ressortir ici combien il est de mauvais goût, dans un pays où la mémoire de la reine Élisabeth est si vénérée, de reprocher à la Russie l'immoralité de l'impératrice Catherine. La vérité n'est pas mieux respectée ici que les convenances; l'ambition effrénée de l'Angleterre décida seule les neutres et Catherine, qui avait à un si haut degré le sentiment de la dignité de sa couronne, à prendre un parti aussi énergique. L'accueil que la déclaration du 28 février 1780 reçut dans toute l'Europe fit bien voir qu'elle répondait alors au désir de tous. Si l'Angleterre refusa d'y adhérer, la France accepta avec empressement des principes qu'elle pouvait revendiquer comme siens. Quelques mois après, une ligue, dite de la *neutralité armée*, intervint entre la Russie, la Suède et le Danemark, pour contraindre les parties belligérantes à l'observation des principes posés par la déclaration. Pendant la guerre, la ligue reçut successivement l'adhésion de la Hollande, de la Prusse, de l'Autriche, du royaume des Deux-Siciles et du Portugal, allié ordinairement aussi fidèle que désintéressé de la Grande-Bretagne.

De même que l'on a voulu donner le change sur la véritable cause de la publication de la déclaration du 28 février 1780, on a cherché à contester les effets de la ligue de la neutralité armée. C'est ainsi que lord Colchester a prétendu que Catherine elle-même la désignait par dérision sous le nom de *nullité armée* (*armed nullity*[2]).

[1] Séance de la Chambre des Communes du 6 mai 1856. Discours de M. R. Phillimore. (V. *Times* du 7 mai.)

[2] Lord Colchester invoqua à l'appui de sa manière de voir l'autorité de Harris et de Potemkin. Potemkin avait dit à son ami Harris : « Contentez-vous d'en pa- « ralyser les effets; la résolution en elle-même est inébranlable : conseillée par « l'erreur, dictée par la vanité, elle sera maintenue par l'orgueil et l'entêtement. « Vous connaissez bien la puissance de ces passions sur l'esprit d'une femme, et, « si vous cherchez à les combattre, vous ne ferez qu'en resserrer l'étreinte. » Séance de la Chambre des lords du 22 mai 1856.)

Cependant le gouvernement anglais ne se montra pas aussi rassuré qu'on voudrait le faire croire; avec cette sagacité qui fait rarement défaut, de l'autre côté du détroit, aux hommes d'État les moins habiles, il comprit que le moment de tenir tête à l'orage n'était pas venu. Les désastres des armées anglaises en Amérique, les succès des flottes combinées de la France, de l'Espagne et de la Hollande, l'attitude hostile des puissances neutres, l'agitation de l'Irlande, l'excitation de l'esprit public en Angleterre même, déterminèrent le cabinet de Saint-James à renoncer à la lutte. La politique habile de ses diplomates désunit les ennemis de la Grande-Bretagne. Franklin reconnut le désintéressement avec lequel la France et l'Espagne avaient prodigué leurs trésors et leurs soldats pour la cause des États-Unis, en faisant une paix séparée contrairement aux engagements formels qu'ils avaient pris vis-à-vis de ces puissances. Le traité de Versailles, signé le 3 septembre 1783, mit fin à la guerre entre la France et l'Angleterre.

Les droits des neutres étaient enfin reconnus. Cette concession, arrachée à la faiblesse momentanée de l'Angleterre, fut l'objet d'un débat très-vif au parlement. On s'y décida à accepter cette humiliation par cette pensée publiquement exprimée, qu'il n'y avait d'engagements pris qu'à l'égard de la France, et qu'il serait facile de revenir bientôt sur ce qui avait été conclu, car la paix ne pouvait exister longtemps entre les deux pays.

Ces prévisions ne devaient tarder à se réaliser; la Révolution française, en jetant l'Europe dans un trouble et dans une confusion sans précédents, allait permettre à l'Angleterre de regagner tout le terrain qu'elle avait perdu.

Au milieu du grand mouvement d'idées soulevées par le dix-huitième siècle, les publicistes avaient examiné les principes de la guerre maritime et mis en question la légitimité du droit de prise. Mably et Montesquieu s'étaient prononcés contre l'armement en course; un traité conclu en 1785 par Franklin, au nom des États-Unis avec le roi de Prusse, avait donné une satisfaction complète aux idées nouvelles, dans une disposition qui abolissait le droit de prise. M. de Kersaint, député à l'Assemblée législative, voulant mettre les lois françaises en harmonie avec ces principes, lut, à l'Assemblée, le 29 mai 1792, un projet de décret qui prohibait la course, et interdisait aux vaisseaux de la marine royale de prendre aucun bâtiment appartenant à une nation ennemie, à moins qu'il ne fût armé en guerre.

Une question aussi grave ne pouvait être débattue d'une manière opportune que dans un congrès diplomatique. En outre, n'était-il pas insensé, en présence de l'attitude hostile de l'Europe entière, de songer à un désarmement général? C'est ce que fit observer le député Lasource, en disant aux partisans de la motion :

« Ils ont franchi les bornes en voulant que nos vaisseaux de guerre « ne puissent prendre les vaisseaux de commerce ennemi, lors même « que les corsaires ennemis prendront bien les nôtres; nous avons « déclaré que nous voulions respecter les propriétés des particuliers, « mais nous n'avons pas dit, nous n'avons pas pu dire que la nation « française serait comme un troupeau de moutons auquel les étrangers « pourraient impunément enlever une toison. »

Plusieurs propositions furent faites pour interdire la délivrance de lettres de marque. L'Assemblée termina le débat en adoptant une motion de Vergniaud et d'Emmery de Saint-Malo qui invitait le pouvoir exécutif à ouvrir des négociations pour assurer la liberté des mers.

Que signifiaient les utopies pacifiques qui se croisaient à la tribune à côté des événements qui rendaient la guerre inévitable? L'Assemblée législative, inhabile à rien faire, dominée par les agitateurs de la rue, et par les menées des clubs, servait cependant, par ses discussions confuses et incohérentes aussi bien que par les actes insensés que la violence lui arrachait, à ébranler la vieille Europe jusque dans ses fondements, et à y allumer les premières étincelles d'une guerre qui, sinon par sa durée, devrait du moins par les calamités sans nombre qu'elle allait engendrer, et par les changements qu'elle ferait subir à l'Europe, laisser bien loin derrière elle les tristes souvenirs de la guerre de trente ans.

Nous n'avons pas ici à indiquer quelle fut la part de l'Angleterre dans nos malheurs publics, elle fut bien grande, nul n'en saurait douter aujourd'hui; les auteurs de nos troubles civils reçurent de Pitt les encouragements les plus perfides.

Était-ce la contre-partie de l'appui que les chefs de la Révolution d'Angleterre avaient trouvé cent cinquante ans auparavant auprès de Richelieu et de Mazarin?

Les journées du 20 juin, du 10 août, des 2 et 3 septembre 1792, enfin celle du 21 janvier 1793, sanglant couronnement de l'œuvre révolutionnaire, étaient autant de défis jetés à l'ordre social de l'Europe. Tous les souverains du continent ne virent plus qu'un seul ennemi : la Révolution française.

Cependant l'Angleterre, délivrée par cette nouvelle attitude de l'Europe des ménagements qu'elle s'était imposés, ne songeait qu'à une chose, réparer les pertes qu'elle avait faites dans la dernière guerre. Le parlement britannique, il est vrai, retentissait des dénonciations les plus énergiques contre le jacobinisme : le ministère déclarait hautement qu'il fallait poursuivre l'esprit révolutionnaire sans trêve ni merci. Mais là se bornaient ses efforts pour la cause commune : tandis que les autres puissances de l'Europe réunissaient leurs armées pour étouffer la Révolution ou pour en arrêter les progrès, l'Angleterre profitait de la consternation universelle pour organiser un pillage général sur mer, et pour y assurer de nouveau la domination exclusive de son pavillon. Elle était décidée cette fois, en frappant neutres et ennemis, à empêcher à l'avenir une nouvelle ligue de la neutralité armée. Aussi Schoell, dans son *Histoire des traités*, dit-il avec raison : « Lorsque dix « ans plus tard les puissances du Nord voulurent faire revivre ces « maximes, les circonstances avaient changé, la Grande-Bretagne s'é- « tait saisie du sceptre des mers, elle replongea le droit maritime dans « la barbarie du moyen âge. »

En 1793, les corsaires anglais saisirent tous les vaisseaux neutres qui commerçaient avec la France, sous prétexte qu'il n'y avait plus dans ce pays ni gouvernement, ni lois, ni tribunaux. Du mois de février à celui d'août de cette année, cent quatre-vingt-neuf bâtiments danois chargés de grains, de viandes et de poissons furent ainsi capturés. « Faire un pacte de famine contre un peuple entier, prétendre affamer « des femmes, des enfants, des vieillards : voilà une mesure mons- « trueuse dont il a été réservé à l'Angleterre de prendre l'affreuse ini- « tiative[1]. »

Le comte de Bernstorf, ministre des affaires étrangères en Danemark, signala ces actes de pillage à l'indignation de l'Europe :

« Le droit des gens est inaltérable, disait-il dans le *memorandum* « qu'il adressait au cabinet de Saint-James; ses principes ne dépendent « pas des circonstances. Un ennemi en guerre peut se venger de ceux « qui les oublient; il peut exister alors une réciprocité funeste qui « sauve le droit rigoureux; mais une puissance qui est en paix ne peut « pas composer ou connaître une compensation pareille[2]. »

L'Europe, remplie d'effroi par les crimes des partis qui déchiraient la France, et uniquement préoccupée des dangers qui la menaçaient de ce côté, laissa passer, sans s'émouvoir, cette noble et courageuse protestation; elle ne vit pas alors tout ce qu'il y avait d'odieux dans la conduite du gouvernement anglais, et ces actes demeurèrent impunis.

Les déprédations de l'Angleterre amenèrent les représailles du gouvernement révolutionnaire; les hostilités prenaient un caractère de plus en plus atroce. Un ordre du cabinet anglais du 24 janvier 1793 avait autorisé la saisie des bateaux pêcheurs français et hollandais. Malgré cela, Bonaparte, premier consul, se conformant à la noble tra-

[1] Azuni, *Droit maritime de l'Europe*, t. II, p. 120, cité et approuvé par Ch. de Martens. *Causes célèbres du droit des gens*, t. II, p. 345.

[2] Note du comte de Bernstorff, du 28 juillet 1793. « La réponse du comte de « Bernstorff à nos observations est une des répliques les plus hardies, les plus « sages et les plus honorables que j'aie jamais lues. C'est un document diploma- « tique qui devrait servir de modèle à tous les cabinets. » (Discours du marquis de Lnasdowne à la Chambre des lords, dans la séance du 17 février 1794.)

dition de la monarchie française, avait renouvelé les ordres en sens contraire donnés par Louis XVI au commencement de la guerre de l'Indépendance. Le cabinet de Saint-James refusa d'abord de revenir sur les instructions de 1793. Bonaparte déclara que les plénipotentiaires de la République qui négociaient alors la paix se retireraient, mais qu'il s'abstiendrait de représailles afin de ne pas rendre de misérables pêcheurs victimes de la prolongation des hostilités; l'Angleterre, qui désirait une trêve, céda sur ce point.

Si depuis le commencement de la guerre les puissances neutres avaient à se plaindre des parties belligérantes, si les différents gouvernements que la Révolution avait fait successivement subir à la France s'étaient laissé entraîner fort loin dans la voie des représailles, ils n'avaient jamais autorisé autant de violences que l'Angleterre.

Sans respect pour le pavillon des autres États, les croiseurs de cette dernière puissance prétendaient visiter les navires marchands escortés par des vaisseaux de guerre, quoique le traité d'Utrecht ne les autorisât qu'à l'examen des papiers de bord. Le 25 juillet 1800, la frégate danoise la *Freya*, escortant six vaisseaux de commerce, fut rencontrée par une escadre anglaise et soutint un combat contre des forces supérieures pour ne pas laisser visiter les navires qu'elle accompagnait.

Un dernier fait montrera à quelles extrémités les agents du gouvernement britannique croyaient devoir porter la politique à outrance de William Pitt. Des vaisseaux anglais, rencontrant dans la Méditerranée la galiote suédoise la *Hoffnung*, s'en emparent; un nombre considérable de matelots y est mis, le capitaine et ses gens sont menacés de mort s'ils font le moindre signal de nature à donner l'éveil sur ce qui s'accomplit à bord; le navire est dirigé sur Barcelone et entre dans le port sous pavillon suédois : il s'approche de deux frégates espagnoles qui sont à l'ancre; celles-ci, n'ayant pu soupçonner que ce bâtiment neutre recèle des ennemis et sert à l'attaque la plus déloyale, sont surprises et forcées de se rendre (4 septembre 1800).

Les puissances neutres voulurent alors recourir au moyen qui leur avait si bien réussi vingt ans plus tôt. Le 16 décembre 1800, un nouveau traité de neutralité armée fut signé entre la Russie, le Danemark, la Suède et la Prusse. Ce traité reproduisait les dispositions de celui de 1780 et y ajoutait seulement une clause relative à l'exercice des droits de visite conçue en ces termes :

« La déclaration de l'officier commandant le vaisseau ou les vais-« seaux de la marine royale ou impériale qui acccompagneront le con-« voi d'un ou de plusieurs bâtiments marchands, que son convoi n'a « à bord aucune marchandise de contrebande, doit suffire pour qu'il « n'y ait pas lieu à aucune visite sur son bord, ni à celui des bâtiments « de son convoi. »

Cette fois la situation était bien changée ; les flottes des nations avec lesquelles la marine anglaise luttait déjà étaient loin d'être aussi redoutables que lors de la première ligue de la neutralité armée. L'Angleterre crut donc pouvoir se tourner contre les neutres avec plus de chances de succès. En même temps que le cabinet faisait mettre l'embargo sur les navires et les marchandises appartenant aux sujets des puissances qui avaient adhéré au traité du 16 décembre 1800, Pitt cherchait encore à donner le change au monde en s'écriant :

« Qu'est-ce que cela, si ce n'est le même principe jacobin qui a pro-« clamé les droits de l'homme, produit la Révolution française, en-« gendré l'anarchie la plus sauvage, et semé l'horreur et la dévasta-« tion sur cette malheureuse contrée (la France)? »

Il était impossible de braver l'Europe avec plus d'impudence ; si le principe du jacobinisme avait encore quelque part dans les conseils d'une nation, c'était certainement dans les actes du cabinet britannique qu'il fallait en rechercher la trace. Pitt se proposa de mettre à profit cette occasion pour anéantir la marine danoise ou tout au moins pour l'amoindrir. Une flotte anglaise, commandée par Parker et Nelson, se présenta à l'improviste dans les eaux de Copenhague; mais elle y fut bravement reçue par une escadre danoise qui, malgré l'infériorité numérique, contraignit les assaillants de cesser leur feu après une lutte de quatre heures. Pour cette fois Copenhague et la marine danoise échappèrent aux sinistres projets de Pitt.

La seconde ligue de la neutralité armée ne devait pas avoir la même fortune que la première, l'assassinat de l'empereur de Russie en détermina la dissolution. Cet événement, il faut le reconnaître, servait à merveille les intérêts de l'Angleterre, et le nouveau gouvernement inaugura une politique toute favorable aux vues de cette dernière puissance. Une convention commerciale, signée par Alexandre Ier le 17 juin 1801, consacrait de la manière la plus explicite l'abandon des principes consignés dans la déclaration du 28 février 1780. La Russie reconnaissait que le pavillon ne couvrait pas la cargaison, que les marchandises étaient saisissables d'après leur origine, que les croiseurs des nations belligérantes avaient le droit de visiter les navires marchands convoyés par des bâtiments de guerre appartenant aux puissances neutres ; seulement le droit de visite accordé aux vaisseaux de guerre de l'État belligérant était refusé à ses corsaires. Enfin il n'était pas jusqu'à la doctrine de l'Angleterre, en matière de blocus, qui ne fût admise. Pour donner sur ce dernier point une légère satisfaction d'amour-propre au petit-fils de Catherine II, on s'était efforcé, tout en renonçant au principe établi par la déclaration de 1780, de reproduire les termes de celle-ci aussi fidèlement que possible.

Nous ne raconterons pas ici en détail les incidents de la guerre maritime entre la France et l'Angleterre, la gloire dont notre marine s'était couverte sous Louis XVI fut effacée par d'irréparables revers. Les débris de notre grandeur coloniale échappés aux désastres de la guerre de sept ans nous furent enlevés; la domination et l'influence anglaise s'établissaient sans retour dans les colonies hollandaises, espagnoles et portugaises Toutefois cette malheureuse époque offre quelques compensations à tous ces échecs ; si le pavillon anglais ne protégea pas toujours le commerce de ses nationaux, si la guerre maritime eut aussi ses rigueurs pour la Grande-Bretagne malgré toutes ses flottes et toutes ses escadres, il faut en rapporter le mérite aux corsaires français, dont l'habileté et l'énergie maintenaient les glorieuses traditions de notre marine. Parmi les noms vénérés que l'histoire nous a transmis, nous citerons Robert Surcouf, appelé à juste titre la terreur des Anglais.

Un ordre du cabinet de Saint-James signifia le blocus de toutes les côtes du continent. A cet acte de folie, le gouvernement français répondait par un acte plus monstrueux encore, en établissant par les décrets de Berlin et de Milan le blocus des possessions britanniques dans toutes les parties du monde et l'ensemble des mesures qui constituent le système connu sous le nom de *blocus continental;* dans cette lutte gigantesque dont la durée fut celle de l'Empire, le sort des neutres, sur mer comme sur terre, était d'être broyé par les puissances belligérantes. L'Angleterre revint alors à ses desseins hostiles contre le Danemark, qui, également effrayé par les projets des deux parties, ne savait sur quel point de ses frontières concentrer ses forces. Les succès inouïs des armées françaises en Allemagne firent croire au gouvernement danois que le danger le plus imminent était de ce côté; aussi dirigea-t-il toutes ses troupes vers le Holstein. En outre, il renouvela sa déclaration de neutralité. Peu de temps après, une flotte anglaise débarqua vingt-cinq mille hommes dans l'île de Seeland, où est située Copenhague; cette malheureuse ville, laissée presque sans défense, fut bombardée, la flotte danoise prise, les arsenaux pillés; tout ce qu'on ne pouvait emporter fut détruit.

Alexandre Ier, forcé de signer la paix de Tilsitt le 7 novembre 1807, et prévoyant une rupture avec l'Angleterre, profita de cette occasion pour revenir aux principes de la déclaration de l'impératrice Catherine II.

Le congrès de Vienne, qui mit fin aux longues guerres dont la révolution française avait donné le premier signal, ne s'occupa pas des questions du droit maritime international; jamais la Grande-Bretagne n'avait été aussi puissante, elle n'aurait certainement pas permis que la discussion s'égarât sur un terrain où il lui était si difficile de manœuvrer avantageusement. Depuis ce moment jusqu'à la dernière guerre contre la Russie, nous voyons la France et l'Angleterre garder soigneusement la position qu'assignaient à chacune d'elles leurs traditions respectives. La France continua, ainsi que dans les siècles précédents, sa mission civilisatrice. Lors de la guerre d'Espagne, en 1823, elle n'arma pas de corsaires, elle ne luttait pas en effet contre la nationalité espagnole, elle l'aidait au contraire à échapper aux violences d'une faction suscitée et entretenue par les intrigues anglaises. Enfin le gouvernement de la Restauration faisait pour la liberté des mers plus que tous ses prédécesseurs ; le roi Charles X, en donnant l'Algérie à la France, chassait la piraterie de son dernier asile : les principes du droit des gens proclamés par les ligues de 1780 et de 1800 furent ponctuellement respectés. Lorsque le gouvernement de Juillet se décida à l'expédition du Mexique, une déclaration de M. le comte Molé, alors ministre des affaires étrangères, annonça à l'Europe que la marine française se conformait aux lois internationales. Tous les traités conclus depuis 1815 entre la France et les autres puissances ont toujours prescrit l'application de ces maximes. L'Angleterre, au contraire, a continué de professer les doctrines rétrogrades sur lesquelles tant de fois déjà elle avait dû passer condamnation. Ces doctrines se retrouvent dans les discours de ses orateurs et dans les écrits de ses publicistes[1]. Enfin pour leur donner plus d'autorité, on les a consignés dans un traité imposé en 1842 au Portugal, comme si l'Europe n'était pas parfaitement édifiée sur le mérite des conventions qui interviennent entre la Grande-Bretagne et le Portugal.

Quand la guerre éclata entre l'Angleterre, la France et la Turquie d'une part, et la Russie de l'autre, une des premières questions sur lesquelles les puissances alliées durent se prononcer fut celle de savoir d'après quels principes la guerre maritime devrait être conduite. La France et l'Angleterre différaient complétement sur la manière d'envisager leurs droits et leurs devoirs à l'égard des puissances neutres. Le cabinet anglais, qui savait l'importance du fait accompli, n'hésita pas à prendre les devants, et annonça, par une note du 25 mars 1854, que les vaisseaux anglais saisiraient les marchandises ennemies même sur les navires neutres ; mais il trouva dans le gouvernement français une résolution bien arrêtée de rester fidèle à ses traditions. Comme l'Angleterre ne pouvait se passer du concours de la France, elle changea de système avec la meilleure grâce, et trois jours après la première note du Foreign Office, une déclaration signée par les puissances alliées et due à l'initiative du gouvernement français annonçait aux neutres que leur pavillon et les marchandises qu'il

[1] James Readdie, esq., *Researches historical and critical on maritime international law*. Edimbourg, 1844.

couvrait seraient respectés. Le lendemain, une autre note faisait savoir qu'il n'y aurait d'autres blocus que les blocus effectifs. La Russie, de son côté, déclarait qu'elle maintiendrait les mêmes principes. Aucune puissance n'arma, à proprement parler, en course, et la France se distingua dans toute cette lutte sur terre comme sur mer, autant par son respect pour les droits sacrés de l'humanité que par l'énergie avec laquelle elle soutint l'honneur de ses armes.

Deux ans plus tard, après la signature du traité de Paris, M. le comte Walewski, président du congrès, voulant conserver à la France l'initiative civilisatrice qu'elle avait toujours eue, proposa la déclaration suivante, qui reçut la vive adhésion du comte de Clarendon, plénipotentiaire anglais, et fut adoptée par le congrès.

« Les plénipotentiaires qui ont signé le traité de Paris du 30 mars « 1856, réunis en conférence,

« Considérant :

« Que le droit maritime en temps de guerre a été pendant longtemps « l'objet de contestations regrettables ;

« Que l'incertitude du droit et des devoirs en pareille matière donne « lieu entre les neutres et les belligérants à des divergences d'opinion « qui peuvent faire naître des difficultés sérieuses et même des conflits ;

« Qu'il y a avantage par conséquent à établir une doctrine uniforme « sur un point aussi important ;

« Que les plénipotentiaires assemblés au congrès de Paris ne sau- « raient mieux repondre aux intentions dont leurs gouvernements sont « animés qu'en cherchant à introduire dans les rapports internatio- « naux des principes fixes à cet égard ;

« Dûment autorisés, les susdits plénipotentiaires sont convenus de « se concerter sur les moyens d'atteindre ce but, et, étant tombés d'ac- « cord, ont arrêté la déclaration solennelle ci-après :

« 1° La course est et demeure abolie ;

« 2° Le pavillon neutre couvre la marchandise ennemie, à l'excep- « tion de la contrebande de guerre ;

« 3° La marchandise neutre, à l'exception de la contrebande de « guerre, n'est pas saisissable sous pavillon ennemi ;

« 4° Les blocus, pour être obligatoires, doivent être effectifs, c'est- « à-dire maintenus par une force suffisante pour interdire l'accès du « littoral à l'ennemi.

« Les gouvernements des plénipotentiaires soussignés s'engagent à « porter cette déclaration à la connaissance des États qui n'ont pas été « appelés au congrès de Paris, et à les inviter à y accéder.

« Convaincus que les maximes qu'ils viennent de proclamer ne sau- « raient être accueillies qu'avec gratitude par le monde entier, les

« plénipotentiaires soussignés ne doutent pas que les efforts de leurs « gouvernements pour en généraliser l'adoption ne soient couronnés « d'un plein succès.

« La présente déclaration n'est et ne sera obligatoire qu'entre les « puissances qui y ont et qui y auront accédé.

« Fait à Paris le 16 avril 1856[1]. »

La déclaration du congrès de Paris fut accueillie en France comme en Angleterre, par des marques d'une satisfaction presque unanime : à peine une voix dissonante se faisait-elle entendre au milieu du concert d'éloges adressés à la diplomatie de l'Europe ; si quelques réclamations s'étaient élevées dans le Parlement anglais, lord Palmerston et lord Clarendon faisaient ressortir combien l'abolition de la course compensait heureusement pour leur pays la renonciation à des prétentions surannées et insoutenables. On n'attendait plus que l'approbation des puissances restées étrangères à la guerre pour voir l'œuvre du congrès de Paris devenir la loi du monde entier.

Le comte de Sartiges, ministre de France en Amérique, remit la déclaration du 16 avril 1856 au cabinet de Washington qui, par une note émanée de M. Marcy, secrétaire d'État des affaires étrangères, rejeta péremptoirement la proposition qui lui était faite.

Voici quels motifs il donnait à l'appui de cette décision. Il voyait dans la suppression de la course une révolution fâcheuse dans les règles de la guerre. Il reconnaissait les inconvénients de la course, mais ils lui paraissaient être dus à l'état de guerre. Si ces inconvénients étaient aussi graves qu'on le prétendait, il fallait en prévenir le retour, en proclamant l'inviolabilité de la marine marchande et en supprimant le droit de prise d'une manière absolue. Le congrès de Paris, en se bornant à abolir la course, avait mis la marine marchande des différentes nations du monde à la merci de la marine militaire des puissances dominantes, ou, pour mieux dire, de la puissance prépondérante sur mer. Le commerce d'une seule nation était donc intéressé à l'abolition de la course, cette arme du plus faible contre le plus fort, si souvent et si utilement employée par la France dans ses guerres avec l'Angleterre. Toutefois le gouvernement américain, voulant s'associer aux sentiments d'humanité qui avaient dicté la résolution du congrès de Paris, proposait aux signataires de la déclaration du 16 avril 1856 de renoncer au droit de prise maritime.

Telle est la substance de la note de M. Marcy[2].

[1] *Moniteur* du 29 avril 1856.

[2] M. Marcy, dans sa note, s'appuie souvent sur l'autorité du *Traité des prises*, de MM. de Pistoye et Duverdy. Nous avons fait plus d'un emprunt, pour cette étude, à cet ouvrage, aussi complet qu'intéressant.

Quoique la déclaration du congrès de Paris fût due à l'initiative du plénipotentiaire français, quoiqu'elle lui eût été remise par le ministre de France, le cabinet de Washington a paru en attribuer l'origine à l'influence anglaise, et s'est attaqué dans sa réplique à cette dernière puissance. Cela fut parfaitement senti en Europe.

La presse française a généralement donné raison à l'argumentation de M. Marcy. Quelques-uns de ses organes pourtant, et des plus accrédités, se sont déclarés les partisans résolus de la déclaration du 16 avril 1856, ont accusé les Etats-Unis de faire montre en cette occasion de leur esprit égoïste et taquin, et se sont attachés à faire ressortir la générosité et le désintéressement du gouvernement anglais[1].

Si la discussion ne fut pas très-vive dans notre pays, la note de M. Marcy eut le privilége de passionner immédiatement l'opinion publique en Angleterre.

L'École de Manchester, en la personne de son chef, M. Cobden, adhéra sans restriction aux maximes du gouvernement américain. Le *Morning-Chronicle* se fit également l'écho de ces doctrines. Le *Morning-Post*, dont les affinités avec lord Palmerston ne sont pas un mystère, engagea une polémique en règle contre la note de M. Marcy, employant contre elle tous les arguments imaginables, le raisonnement, la menace, le sarcasme, l'indignation, invoquant l'abnégation proverbiale de l'Angleterre, qui n'était coupable dans tout cela que d'avoir donné à la France une de ces marques de déférence que depuis quelques années elle lui prodiguait avec tant d'abondance[2].

On sait avec quelle fidélité le *Times* reflète l'opinion publique de nos voisins, en la suivant dans toutes ses variations. Au mois d'août 1856, il approuve sans restriction le système américain et donne avec une certaine complaisance les motifs de son adhésion. A-t-il cru depuis que le terrain pourrait lui manquer s'il persistait dans cette voie? Trois mois après il devient le champion chaleureux de la déclaration du 16 avril 1856, et n'a pas assez de sarcasme pour MM. Marcy et Cobden et prétend, avec l'autorité que donnent une longue méditation et une conviction tardive, imposer à tous sa nouvelle manière de voir.

Tel fut l'accueil fait par la presse aux propositions des États-Unis ; il n'est pas sans intérêt de voir comment les gouvernements européens les ont reçues ; la Russie les a approuvées d'une manière explicite,

[1] *Journal des Débats* du 22 octobre 1856.

[2] Le *Morning-Post* n'épargne aucun reproche au cabinet de Washington. Il reproche à ses membres de parler en gens mal élevés; en même temps, pour leur donner une idée du style du parfait *gentleman*, il parle des *acrobatismes* de la logique de M. Marcy.

l'Angleterre a jusqu'ici gardé un silence complet ; quant au cabinet des Tuileries, il paraît avoir fait de sérieuses réflexions sur cette matière ; ni l'origine de la déclaration du 16 avril 1856, ni la logique ardente du *Morning-Post*, ni les retours du *Times*, ni l'enthousiasme du *Journal des Débats*, ne l'ont décidé à défendre son œuvre, il a répondu avec une bienveillance marquée aux ouvertures de M. Marcy.

Nous ne saurions pressentir l'issue de ces nouvelles négociations ; il nous reste donc à voir si les réclamations élevées contre les décisions du congrès de Paris sont dignes d'être prises en considération, ou si son œuvre doit être envisagée comme la meilleure conciliation des intérêts de la civilisation et des nécessités de la guerre.

La déclaration du 16 avril 1856 nous paraît, dans la forme, susceptible de quelques critiques. Elle a deux objets différents et indépendants l'un de l'autre : le premier, c'est de réglementer les conditions de la guerre entre les puissances belligérantes; le second, c'est de déterminer les droits et les devoirs des neutres. Or un gouvernement peut très-bien comprendre les droits et les devoirs des neutres comme le Congrès de Paris, et cependant ne pas consentir à l'abolition de la course. Dès lors, en admettant qu'il fût également opportun de se prononcer sur ces deux questions, n'eût-il pas été plus sage de les résoudre par deux déclarations différentes, dont l'une ne se fût pas trouvée nécessairement associée à la fortune de l'autre? N'aurait-on pas atteint un grand résultat en obtenant de toutes les nations du monde une déclaration uniforme sur les droits des neutres? Les considérations développées par le Congrès de Paris dans le préambule de la déclaration du 16 avril 1856 ne laissent aucune incertitude sur ce point, car elles ont toutes trait à la nécessité de fixer sur des bases inébranlables et universellement admises les droits et les devoirs des neutres.

Ceci dit sur l'ensemble de la déclaration du Congrès de Paris, voyons quelles critiques de détail peuvent lui être adressées.

En ce qui touche le droit des neutres, il est certains points sur lesquels la déclaration est restée dans un vague fâcheux.

D'abord, il n'est pas question du droit de visite qui est implicitement maintenu, puisque le transport de la contrebande de guerre reste interdit. Nous avons vu quelles difficultés l'exercice de ce droit avait suscitées entre l'Angleterre et les puissances du Nord au commencement de notre siècle. Les traités conclus depuis 1815 entre la France et différentes puissances, la note de M. le comte Molé lors de la guerre du Mexique, avaient précisé avec soin les droits de l'État belligérant. Le Congrès de Paris n'aurait-il pas dû suivre ces errements et préserver par une clause spéciale le retour d'éventualités dont ces traités avaient tenu un si grand compte?

Le droit de prise sur les navires neutres est limité à la contrebande de guerre, mais on n'a pas défini les marchandises qui entrent dans cette catégorie. Cependant cette définition n'était pas chose superflue. L'Angleterre, malgré les traités des Pyrénées, d'Utrecht et de Versailles, avait toujours équivoqué sur ce point; elle était si loin d'être revenue à d'autres sentiments, avant la guerre de Russie, que nous trouvons dans l'ouvrage de James Readdie, publié il y a douze ans, la nomenclature suivante :

« 1° Les objets qui sont réellement des instruments de guerre;

« 2° Les objets qui, par leur nature, leurs qualités et leur quantité « sont applicables ou utiles aux desseins de la guerre;

« 3° Ceux qui, quoiqu'on ne s'en serve pas généralement dans des « vues de guerre, peuvent cependant venir en aide à ces desseins :

« Sont contrebande de guerre. »

Y a t-il rien de plus obscur et de plus vague? Une cour d'amirauté n'y trouverait-elle pas toujours une raison pour légitimer toutes les prises qui lui seraient déférées? N'est-ce pas faire une chose illusoire que de reconnaître l'inviolabilité des marchandises neutres, sans définir la contrebande de guerre, alors que l'on peut appliquer, par une interprétation plus ou moins extensive, cette qualification à toutes les marchandises? La décision du Congrès de Paris se ressent de la précipitation avec laquelle elle a été prise. Si elle avait été moins improvisée, on n'aurait pas manqué de faire ce que le maréchal de Bassompierre avait déjà inutilement réclamé, il y a deux cent trente ans, de la justice du gouvernement anglais, ce que l'Angleterre avait consenti à faire dans certains traités qu'elle n'a jamais respectés, on aurait défini la contrebande de guerre.

Telles sont les observations que nous croyons devoir faire sur la garantie donnée aux droits des neutres par la déclaration du 16 août. Nous avons maintenant à apprécier la valeur intrinsèque de la clause relative à l'abolition de la course : nous avons déjà dit ce que nous pensions de la juxtaposition de cette clause à celles qui ont trait à un ordre d'idées tout différent. Nous allons voir si les faits donnent raison à notre appréciation.

Le Congrès de Paris a cru devoir abolir l'armement en course, et réserver exclusivement à la marine militaire le droit de prise.

Sur cette importante décision, trois opinions se sont fait jour.

La première attaque la déclaration du 16 août et rejette toute innovation plus ou moins large aux règles du droit des gens; elle y condamne un oubli absolu des nécessités de la guerre.

La seconde considère l'œuvre du Congrès de Paris comme une transaction heureuse entre les intérêts du commerce et les nécessités de la guerre, et l'approuve.

La troisième va plus loin, et conclut à l'abolition complète du droit de prise. Mais, si ce système ne devait pas être adopté, ses partisans demandent avec instance le retour aux anciens principes du droit des gens. D'après eux, en effet, la solution donnée à la question par le Congrès de Paris créerait un ordre de choses pis que celui qui existait auparavant. Ils trouvent dans le maintien du droit de prise entre les mains de la marine militaire tous les inconvénients sur lesquels on se fonde pour supprimer la course; en outre, ils voient dans la déclaration du 16 août 1856 le germe de l'asservissement du commerce du monde entier au bon plaisir de l'Angleterre.

Tels sont les systèmes qui se présentent à notre examen.

L'école qui refuse son adhésion à toute restriction du droit de prise ou à tout changement dans les lois de la guerre reconnaît cependant en fait que la guerre ne se régit plus par les principes qui la dirigeaient dans le passé; mais elle croit à une nécessité absolue de la guerre maritime, celle d'exiger les plus grands efforts des parties belligérantes pour arriver à l'anéantissement de leur commerce respectif.

« Le but des guerres maritimes, dit Wheaton, est la destruction du « commerce et de la navigation de l'ennemi, qui sont les sources et « les nerfs de la puissance navale; ce but ne peut être atteint que par « la capture et la confiscation de la propriété privée. »

Le savant publiciste nous paraît ici avoir complétement confondu le but de la guerre avec les moyens qui peuvent être employés pour l'atteindre. La guerre n'est, suivant la magnifique expression du chancelier Bacon, que le dernier recours des peuples pour faire triompher leur droit[1]. A cette condition seulement, la guerre est légitime. Si elle se fonde sur d'autres mobiles, elle est en opposition directe avec les lois de la civilisation. Quelle qu'en soit l'issue, la conscience humaine, qui juge les entreprises sur leur moralité et non d'après leur succès, ne l'en flétrira pas moins d'une réprobation méritée. Nous avons vu comment, dans les guerres terrestres, on avait pris pour règle de conduite de ne pas dépasser dans l'emploi des moyens de destruction une certaine mesure indiquée par les lois de l'humanité.

Les choses doivent-elles être autrement sur mer? La propriété privée, qui est respectée en terre ferme, est-elle moins inviolable parce qu'elle se trouve momentanément confiée à un vaisseau?

Au point de vue de la morale, on ne saurait s'expliquer cette différence :

« On ne pille ni les magasins ni les marchands qu'on rencontre en « pays ennemis. Pourquoi donc les pille-t-on sur la mer, qui est un « élément libre, et quel rapport ce pillage a-t-il avec le but de la « guerre, avec les principes du droit des gens[2] ? »

[1] Wars between nations are the highest trials of the right.

[2] Rayneval, *Droit de la nature et des gens*, liv. III, ch. XVI.

« Il est évident que moralement il n'y a aucune différence entre le « pillage des marchandises privées dans une maison, ou dans un navire « sur mer. Si l'agriculteur et le marchand ont le droit de posséder « paisiblement leur propriété, alors même que la province qu'ils habi- « tent est occupée par une armée ennemie, il est certainement raison- « nable que la même propriété en cours de transport pour être vendue « soit mise à l'abri des croisières ennemies[1]. »

La distinction que l'on voulait établir entre la propriété maritime et la propriété terrestre ne saurait s'expliquer par aucune raison morale; s'appuierait-elle au moins sur des nécessités spéciales à la guerre maritime?

D'abord, dit-on, si le commerce s'exerce en toute sécurité, les populations ne sentiront pas suffisamment le poids de la guerre; elle se prolongera indéfiniment, et le sang coulera à flots pour épargner quelques ballots de marchandises. En outre, il est du plus grand intérêt de s'emparer des navires de commerce de l'ennemi; car on le prive ainsi des instruments mêmes de la guerre maritime. Ces navires, en effet, peuvent en un instant quitter leur apparence pacifique pour servir de la manière la plus directe aux desseins de la guerre : ceux qui les montent peuvent, en vertu des lois de l'État, se voir appelés à servir sur ces vaisseaux; on trouve en eux des marins que leur passé rend facilement aptes au service militaire. Ainsi, en s'emparant des navires de commerce, on prive l'ennemi du moyen d'augmenter le matériel et de recruter le personnel de sa marine de guerre.

Ce raisonnement n'est que spécieux; il repose sur une véritable exagération des nécessités et, par suite, des droits de la guerre. Ne s'appliquerait-il pas dans toute sa force à la guerre terrestre? ne serait-ce pas sur lui que l'on pourrait se fonder pour excuser les atrocités en usage chez certains peuples de l'antiquité pour empêcher les vaincus de tenter de nouveau les chances de la guerre? ne pourrait-on pas invoquer des considérations du même genre pour expliquer la transportation des habitants des provinces conquises à des distances considérables de leur sol natal, et la dévastation rigoureuse de ces mêmes provinces? Cela ne saurait avoir lieu; il faut sacrifier aux grands intérêts de l'humanité certaines des nécessités de la guerre. Ce sacrifice, il est vrai, a des limites; il doit s'arrêter là où les opérations naturelles de la guerre deviendraient impossibles. Ainsi, alors même que le droit de prise n'existerait plus, la marine marchande n'en subirait pas moins le poids de la guerre par l'interdiction qui lui serait faite de transporter la contrebande de guerre et par l'impossibilité où elle serait d'aborder sur un littoral effectivement bloqué par l'ennemi. On prétend aussi

[1] *Times*, 21 août 1856.

qu'en abolissant le droit de prise, on retire à la marine militaire toute raison d'être. N'aura-t-elle pas, comme par le passé, à lutter contre les flottes de l'ennemi, ne devra-t-elle pas attaquer son littoral, y débarquer des troupes, bloquer les ports? Le blocus, sans réveiller cette idée de pillage qui est à nos yeux la flétrissure indélébile de toute prise maritime, fait sentir à l'ennemi tout le poids de la guerre et ruine son commerce. Il suffit, pour comprendre quels maux le blocus peut infliger à un pays, de rappeler ce que le comte de Clarendon disait dans la Chambre des lords le 10 août 1854 :

« Le blocus que nous exerçons sur les ports russes permet à notre « commerce de fleurir, et ce blocus anéantit à peu près le commerce « extérieur de la Russie. Je sais que ce ne sont pas là des résultats très- « héroïques; mais ils auront du moins cet avantage de créer une plus « forte gêne dans toutes les classes de la population russe; ils exer- « cent de l'influence sur l'opinion publique, et, selon moi, ce sont « des résultats plus considérables même que si Sébastopol et Hel- « singfors étaient tombés à la satisfaction de notre vanité et de notre « ambition nationale. »

Mais, objectent les partisans du droit de prise, combien ne serait-il pas plus chrétien de montrer pour la vie de l'homme et pour ses foyers un peu de ce respect que l'on demande si impérieusement pour les ballots de coton et les cargaisons de sucre? ne devrait-on pas s'abstenir des bombardements si funestes à la vie et à la propriété des habitants des malheureuses villes qui y sont exposées? Cette objection repose sur une confusion évidente entre le but des deux opérations que l'on veut assimiler. La prise maritime, il faut bien le dire, n'a d'autre but que de procurer au croiseur la riche cargaison du navire dont il s'empare. Le bombardement d'une place, au contraire, n'est pas le but d'une campagne, mais l'une des opérations qui doit concourir à son succès; aussi n'a-t-on recours à de telles rigueurs que lorsque les nécessités les plus impérieuses l'exigent. En 1849, le général Oudinot, commandant en chef de l'armée française qui a pris Rome, s'est abstenu d'avoir recours à des moyens qui auraient pu compromettre les monuments de la ville éternelle et la vie de ses habitants. Les flottes alliées se sont conformées, dans la dernière guerre de Russie, aux lois de la guerre en ne bombardant pas Odessa, port commercial, dont le sort ne pouvait influer directement sur les destinées de la guerre. Le gouvernement anglais a peut-être eu tort de se vanter d'une modération qui lui était imposée par la force des choses. Nous aurions voulu que sir Charles Napier, qui s'est montré si modeste et si réservé devant Cronstadt et les autres grandes forteresses russes de la Baltique dont la destruction aurait frappé l'*ennemi au cœur*, eût conservé un peu de cette modération pour les malheureuses et inoffensives populations de pêcheurs de Finlande et de Laponie sur lesquelles il a fait peser si durement tous les maux de la guerre.

Il n'est pas une objection mise en avant par les partisans de l'ancien état de choses qui résiste à un examen un peu sérieux.

Il faut en outre reconnaître avec M. Cobden que, si les parties belligérantes, tout en maintenant le droit de prise, respectent scrupuleusement les droits des neutres, elles favoriseront inévitablement la marine marchande neutre au détriment de la leur; car seule elle pourra faire le commerce avec toute sécurité.

Nous pouvons donc affirmer que les nécessités de la guerre et l'intérêt bien entendu des parties belligérantes n'exigent pas impérieusement le maintien du droit de prise maritime. Telle était, du reste, la pensée dernière du plus grand capitaine de notre siècle, de Napoléon, à qui l'on ne reprochera certainement pas d'avoir sacrifié les intérêts de la guerre à ceux de l'humanité et de la civilisation ou à des utopies philanthropiques. Voici comment s'exprimait, à Sainte-Hélène, l'auteur des décrets de Berlin et de Milan :

« Il est à désirer qu'un temps vienne où les mêmes idées libérales « s'étendent sur la guerre de mer, et que les armées navales de deux « puissances puissent se battre sans donner lieu à la confiscation des « navires marchands, et sans faire constituer prisonniers de guerre de « simples matelots de commerce ou les passagers non militaires. Le « commerce se ferait alors sur mer entre les armées belligérantes « comme il se fait sur la terre au milieu des batailles que se livrent « les armées. »

Si le système condamné par Napoléon lui-même a fait son temps, le Congrès de Paris, en abolissant la course et en conservant le droit de prise par la marine militaire, a-t-il réalisé un progrès véritable? Nous ne le pensons pas. La seule chose logique à faire était d'arriver directement et sans transition à la suppression du droit de prise maritime. En se bornant à abolir l'armement en course, loin de faire faire un pas à la cause de la civilisation et de la liberté des mers, on en recule à jamais le triomphe. C'est donc remplir un acte de critique judicieuse et de patriotisme éclairé que de faire ressortir les vices du système improvisé par le Congrès de Paris.

Nous allons démontrer que, si l'on supprime la course en conservant le droit de prise, notre marine se trouve privée d'un auxiliaire puissant et éprouvé, dont l'usage ne présente pas, pour la civilisation, d'inconvénients plus graves que celui de la marine militaire, et qui seul peut en cas de guerre assurer l'indépendance des mers et s'opposer à la prédominance absolue de l'Angleterre.

Nous avons d'abord à nous demander quelle peut être l'utilité de la course pour la guerre maritime. Une question semblable peut sembler bien puérile et bien indigne d'attirer notre attention. Cependant nous la trouvons sérieusement posée par le *Journal des Débats*, qui déclare sans la moindre hésitation que l'histoire lui a enseigné que la course n'avait jamais été utile à la France ; qu'elle lui avait été nuisible, et que dans la seule guerre maritime où le pavillon français avait lutté avec quelque honneur contre celui de l'Angleterre, il n'avait pas été armé de navire en course. En un mot, d'après lui, les corsaires sont aussi inutiles pour la guerre maritime que les corps francs pour les guerres terrestres.

Cette manière de voir est d'une hardiesse inconcevable; elle renverse tous les enseignements de l'histoire et fait reposer la responsabilité de nos désastres maritimes sur ceux-là seuls qui ont empêché la destruction complète de notre puissance maritime. Jamais, en effet, les corsaires ne se sont armés pour livrer une bataille rangée aux escadres ennemies. Ils faisaient d'utiles diversions en inspirant les craintes les plus vives sur le sort des navires marchands. Ils infligeaient au commerce ennemi des pertes qui servaient de représailles à celles que le nôtre éprouvait. Nos corsaires ont-ils suffi à cette tâche? Le plus humble pêcheur de nos ports de mer, où leur glorieux souvenir est encore vivant, redresserait facilement l'opinion erronée du *Journal des Débats* et lui apprendrait, ce qu'il ignore complétement, que dans la guerre de l'indépendance de l'Amérique, les corsaires ont prêté à la marine de l'État un concours d'autant plus efficace que celle-ci était, par sa bonne organisation, en mesure d'en tirer parti.

La légèreté avec laquelle nous voyons traiter les services si nombreux rendus au pays par la marine marchande nous rappelle la patriotique indignation avec laquelle un publiciste éminent du siècle dernier, Valin, réfutait ceux de ses contemporains qui donnaient déjà très-philosophiquement dans ce travers.

« Quelque ancienne et autorisée, disait-il, que soit cette manière de « faire la guerre, il est néanmoins des prétendus philosophes qui la « désapprouvent. Selon eux, ce n'est pas ainsi qu'il faut servir l'État « et le prince, et le profit qui peut en revenir aux particuliers est illi- « cite ou du moins honteux. Mais ce n'est là qu'un langage des mau- « vais citoyens qui, sous le masque d'une fausse sagesse et d'une « conscience artificieusement délicate, cherchent à donner le change « en voilant le motif secret qui cause leur indifférence pour le bien ou « l'avantage de l'État. Autant ceux-ci sont blâmables, autant méritent « d'éloges ceux qui généreusement exposent leur bien et leur vie aux « dangers de la course[1]. »

Après avoir soutenu que la course n'avait été dans les temps passés

[1] Valin, *Commentaire sur l'Ordonn. de la marine.* de 168.

qu'une ressource superflue, on la considère aujourd'hui comme plus inutile que jamais. L'application de la vapeur à la navigation a tellement modifié les choses que si, par un prodigieux effort d'intelligence, la course pouvait encore se comprendre avant ces modifications, elle ne saurait aujourd'hui avoir la moindre raison d'être.

Ce raisonnement n'aurait de valeur qu'autant que la marine marchande s'interdirait l'emploi de la vapeur et armerait en course les mêmes navires qui ont pu servir à cet usage il y a plus d'un demi-siècle. Mais nous ne saurions admettre qu'il doive en être ainsi. Les perfectionnements apportés à la navigation, loin de rendre la course inefficace, ne peuvent qu'en augmenter la puissance : c'est ce que nous soutenons, contrairement à l'opinion fort grave sans doute du *Morning-Post* et *du Journal des Débats*, avec le comte de Clarendon.

« Veuillez considérer, disait-il à la Chambre des lords, que l'abolition « des lettres de marque est bien plus importante aujourd'hui qu'elle « ne l'a jamais été à aucune autre époque. Lorsque le bâtiment mar- « chand et le corsaire attendaient tous deux du vent leur puissance « motrice, ils étaient comparativement sur le pied de l'égalité, et « c'était le plus fin voilier qui prenait l'avance.

« Mais la majeure partie de notre commerce se faisant actuellement « sur des bâtiments à voile serait à la merci d'un corsaire, quelque « petit qu'il fût, faisant la course à la vapeur.

« En conséquence, je regarde l'abolition des lettres de marque « comme étant du plus grand avantage pour un peuple aussi commer- « çant que le peuple anglais[1]. »

Les États de second et de troisième ordre, si le droit de prise est conservé; n'ont jamais été si intéressés que maintenant à armer en course en cas de guerre maritime. Jamais, en effet, les établissements militaires de certaines puissances n'ont reçu d'aussi grands développements que de nos jours. Dans la revue passée à Spithead par la reine Victoria, l'Angleterre a donné au monde autre chose qu'un grand spectacle : il y avait là aussi un grand enseignement, dont tous les esprits sensés ont dû saisir la portée. Comment, si elles renonçaient à l'armement en course, les nations moins puissantes pourraient-elles un instant soutenir la lutte? Les États-Unis, qui, malgré l'importance de leur marine marchande, n'ont qu'une marine militaire peu considérable, ne sont-ils pas parfaitement dans leur droit en se refusant à abandonner la seule arme à laquelle ils pouvaient avoir recours au cas de guerre?

L'utilité de la course n'est donc pas contestable, elle a rendu les plus grands services aux États qui l'ont employée dans les siècles passés; loin

[1] Séance du 22 juin 1856. *Moniteur* du 25 juin.

de devenir inutile par suite des perfectionnements apportés à la navigation, elle y puiserait un nouvel élément de force et de succès, c'est l'arme de guerre la plus puissante entre les mains des nations faibles, elle n'est réellement inutile que pour les nations dont la marine militaire est tellement nombreuse, qu'elle peut suffire à la fois aux nécessités de la guerre et à celles du pillage. Si, au point de vue pratique, l'utilité de la course est évidente, au point de vue moral sa légitimité ne saurait être douteuse pour ceux qui admettent le droit de prise. Cependant elle a été vivement attaquée par eux.

La course, disent-ils, donne à la guerre un caractère d'horreur et de personnalité qui l'éternise; l'abolir, c'est donc rendre un service signalé à l'humanité:

Si les droits de l'humanité doivent exercer une influence sérieuse sur les résolutions de nations chrétiennes, ils demandent aussi impérieusement que le droit de prise soit retiré à la marine militaire qu'à la marine marchande. La capture des marchandises de mer est-elle en contradiction avec les lois de la civilisation, quel que soit le moyen mis en usage pour y arriver? il n'est aucune des critiques adressées à l'un des modes de piller le commerce qui ne s'applique aux autres.

On a essayé, il est vrai, d'établir une grande distinction entre les actes de la marine marchande et ceux de la marine militaire. On fait du personnel de cette dernière la peinture la plus vraie sans doute, mais aussi la plus avantageuse. Puis on lui oppose le portrait du corsaire, pour lequel on ne trouve pas de traits assez durs.

Le corsaire n'a qu'un seul instinct : celui du pillage, et ne connaît qu'une loi : celle qu'impose la force. On répète contre lui toutes les déclamations stéréotypées sur des corps francs, on rappelle comment leur nom de chenapans est devenu une flétrissure dans notre langue moderne; enfin, on s'efforce d'établir une analogie complète entre le corsaire et le pirate. Il n'y a entre eux, dit-on, qu'une seule différence, si légère, qu'il faudrait vraiment être bien scrupuleux pour en tenir compte. En un mot, le corsaire n'est qu'un pirate muni d'une lettre de marque. Cette peinture a un grand défaut, c'est de défigurer entièrement la course, et d'impliquer l'ignorance la plus absolue de la législation qui la régit.

Les corsaires, en effet, se distinguent des pirates non seulement par les lettres de marque dont ils sont porteurs, mais encore par les devoirs que leur imposent les lois de l'État qui proscrivent la piraterie; ils ont leurs règlements et leur discipline; cette partie importante de la force publique n'est pas laissée à la direction arbitraire de ceux qui la commandent. Il suffit, pour faire justice d'une assimilation aussi contraire à la vérité qu'injurieuse pour ceux qui en sont l'objet, de lire les dispositions de l'ordonnance de 1681 sur la marine et l'arrêté consulaire du 2 prairial an XI. Le mode de recrutement des équipages y est déterminé, les actes des navires armés en course sont soumis au contrôle incessant des autorités maritimes. L'Etat peut, s'il le juge nécessaire, les contraindre à se joindre à ses escadres ou à ses flottes. Quant aux prises, but de l'expédition, les armateurs sont loin d'en avoir la disposition illimitée, la régularité en doit être constatée par des tribunaux spéciaux, devant lesquels toutes les parties intéressées à se plaindre de l'observation des lois ou des règlements sont admises à se faire représenter. Les parts attribuées à l'armateur, au capitaine, à l'équipage, sont réglées, et l'État commence par prélever un tiers du produit de la prise pour les Invalides de sa marine. Enfin, si des infractions sont faites à ces règlements, ils prononcent des peines qui en assurent la répression et en préviennent le retour. Croit-on qu'il y ait quelque chose à ajouter à ces dispositions pour assurer plus strictement le respect des droits des neutres, qu'on impose des lois plus sévères à la course, mais qu'on n'abolisse pas cette dernière tant que le droit de prise sera conservé.

La marine militaire, il est vrai, est dirigée par des sentiments plus nobles que la marine marchande armée en course. Que l'État cherche à organiser la première de manière à pouvoir se passer de la seconde, nous applaudirons à ses efforts; mais, tant qu'il ne sera pas en mesure de se passer de la course, il commettrait la plus grave imprudence en renonçant à son concours, il désarmerait volontairement une partie de ses forces. Si l'on entrait dans cette voie, une logique impitoyable contraindrait d'ailleurs à ne pas s'y arrêter; il faudrait aussi licencier les légions étrangères chez lesquelles on doit supposer un mobile bien moins élevé encore que chez les nationaux qui arment en course. Que l'on aille donc adresser une proposition pareille à l'Angleterre, qui applaudit de si bon cœur à l'abolition de la course, et qui, au siècle dernier, enrégimentait les Hessois et les Peaux-Rouges de l'Amérique du Nord pour comprimer l'insurrection de ses colonies! Son amour de l'humanité et de la logique ne l'arrêteraient pas un seul instant devant les intérêts de sa prépondérance. N'avons-nous pas vu récemment le gouvernement anglais faire appel aux aventuriers de tous les pays pour renforcer ses légions éclaircies par la campagne de Crimée? N'avons-nous pas vu ses agents procéder à des recrutements en Allemagne et aux États-Unis, au mépris des lois de la neutralité? Le parlement anglais n'a-t-il pas couvert leur conduite en refusant de s'associer aux scrupules de quelques esprits timorés qui ne pouvaient se faire à l'idée de voir lord Palmerston suivre fidèlement les précédents de lord North?

Ainsi l'Angleterre, qui a si spontanément renoncé à la course, abandonnerait difficilement ses traditions relatives à l'enrôlement des légions étrangères; il ne faut donc pas proscrire la course pour cette seule raison que ceux qui la font sont dirigés par des mobiles moins purs que la marine militaire.

En outre, pour que la distinction absolue que l'on cherche à établir entre la marine marchande et la marine militaire fût rigoureusement exacte, il serait nécessaire d'admettre que, si les prises sont tout pour le corsaire, elles ne sont rien pour le marin; que là où le navire armé en course a beaucoup à prendre, il ne revient rien aux équipages des bâtiments de l'État. Si l'examen des lois des différentes nations nous montre que les prises enrichissent ceux qui les ont faites, à quelque partie de la force publique qu'ils appartiennent, il faudra bien convenir que l'intérêt de l'humanité exige la suppression absolue des prises maritimes et non leur concentration entre les mains de la marine militaire.

Nulle part on ne saurait prétendre que la marine militaire soit complétement désintéressée dans les prises qui sont faites par elle. Serait-ce en Angleterre? Non certainement : les équipages des bâtiments de l'État y ont une large part dans le produit des prises; si les excès des corsaires britanniques ont été un outrage pour les droits sacrés de l'humanité, le pavillon de la marine royale n'a pas été exempt de toute souillure. Pendant les vingt-deux années de guerre de la Révolution française, on a vu plus d'une fois de braves officiers méconnaître les lois de la discipline et de l'honneur, exposer la sûreté des flottes entières, compromettre un plan de campagne, pour assouvir leur cupidité, en poursuivant les convois qui portaient les richesses du monde. Ne cherchant plus dans la guerre que les profits et les rapines, ils méprisaient les ordres de l'amirauté pour obéir aveuglément à ceux des spéculateurs auxquels ils avaient vendu d'avance leur part de butin[1].

De tels enseignements ne sauraient être perdus, et nous nous associons à la noble pensée de l'écrivain qui, après avoir rappelé ces souvenirs, déclarait que l'on ne pouvait faire une injure plus grande aux officiers et aux équipages de la marine royale que de leur réserver un droit que l'on proclame inique et barbare. Mais, dit-on, si de tels faits se sont passés en Angleterre, cela tient à une situation toute spéciale; chez nous la loi impose aux officiers et aux matelots le désintéressement le plus absolu. Il ne manque à ce raisonnement, pour frapper juste, que de reposer sur des données exactes. On nous a souvent montré, il est vrai, que là où d'autres cherchaient et trouvaient le profit, la France se contentait de la gloire et se croyait assez riche pour la payer fort cher; cependant il n'en est pas tout à fait ainsi dans les guerres maritimes. Si notre marine militaire n'a pas donné lieu aux mêmes plaintes que la marine royale d'Angleterre, si nous pouvons nous rappeler avec une

[1] *Morning Chronicle*, 2 septembre 1856.

légitime fierté que, dans la guerre de Russie, où les pavillons des deux nations ont flotté l'un à côté de l'autre, les populations soumises aux horreurs de la guerre ont hautement rendu hommage à la modération, à l'humanité et au désintéressement des flottes françaises, nous ne saurions nier que notre législation n'ait cru devoir ajouter aux inspirations de l'honneur national et du sentiment du devoir, si puissantes pour nos marins comme pour nos soldats, des encouragements d'un ordre moins élevé, en abandonnant à l'équipage du navire qui a fait une prise les deux tiers du butin. La France n'a donc pas sur ce point une position différente de celle de l'Angleterre.

Ainsi il n'y a pas d'objection puisée dans des considérations de morale générale qui ne flétrisse également les captures opérées par des navires armés en course et celles qui sont faites par des navires de l'État.

La déclaration du Congrès de Paris, qui proscrit la course et maintient le droit de prise, doit, dans la pratique, conduire à des difficultés sérieuses. Combien n'a-t-on pas vu, en effet, déjà des réunions diplomatiques aussi solennelles, composées d'hommes éminents, animées des intentions les plus droites, et dont cependant les résolutions sont restées sans application possible!

Il faut, pour qu'un traité ne soit pas mis en discussion, que la lettre en soit assez claire et assez précise pour qu'elle ne puisse laisser aucun doute sur la volonté des parties contractantes. Ainsi, lorsqu'on dit que le pavillon neutre couvre la marchandise qu'il transporte, qu'il n'y a de blocus que celui qui est effectif, que les navires marchands convoyés par des vaisseaux de guerre ne sauraient être visités, on énonce une idée tellement nette, que deux interprétations ne peuvent être données. Cependant l'histoire nous a montré combien il avait été difficile de s'entendre sur la mise en pratique de principes aussi simples.

Mais, en décidant que la course est abolie, ainsi que le fait le Congrès de Paris, on ne ferme pas la porte à toutes les équivoques, à la divergence d'interprétations. Il faut encore déterminer à quels signes distinctifs on devra reconnaître le navire armé en course, et quelle juridiction connaîtra des difficultés soulevées par la mise à exécution de la déclaration du 16 avril 1856. Y aura-t-il un tribunal amphictyonique chargé de résoudre ces graves questions? De tels tribunaux sont peu compatibles avec l'état de guerre. Sont-ce alors les tribunaux de la nation dont les vaisseaux auront opéré la prise du navire qualifié corsaire qui auront cette appréciation? C'est alors empiéter sur l'autonomie de toutes les nations. Chaque État n'a-t-il pas le droit absolu, en vertu de sa souveraineté, de fixer le mode de recrutement de ses forces de terre et de mer?

Louis XIV et Louis XV confiaient des vaisseaux de l'État et de l'artillerie à certains armateurs munis de lettres de marque; ces bâtiments n'appartenaient-ils plus à la marine militaire? Pendant la dernière guerre, l'amirauté anglaise a loué des vaisseaux marchands, elle a enrôlé des volontaires dont elle a su exciter le patriotisme, par la promesse de parts de butin annoncée par d'immenses affiches placardées dans les ports du royaume[1]. Tous ces hommes avaient l'uniforme de la marine royale, et étaient installés à bord des navires loués par l'amirauté. Cependant l'Angleterre prétend n'avoir armé aucun bâtiment en course.

M. Duverdy, dans un article du *Moniteur de la Flotte*, s'est même fondé sur ce fait pour démontrer aux États-Unis qu'ils pourraient sans grand danger adopter la décision du Congrès de Paris; car, dit-il, sans avoir besoin d'organiser une marine militaire permanente, ils pourraient, comme par le passé, armer en guerre leur marine marchande; il leur suffirait, pour se mettre en règle, de donner des uniformes aux matelots et d'arborer la flamme nationale au grand mât. Si cette opinion devait être suivie à la lettre, nous nous demandons quelle portée aurait une décision si facile à éluder. Et cependant l'Angleterre pourrait-elle réfuter cette interprétation, après l'adhésion qu'elle semble lui avoir donnée par avance pendant la dernière guerre?

Nous croyons avoir établi que, si des doutes pouvaient s'élever sur la légitimité intrinsèque du droit de prise, doutes auxquels nous nous sommes associés dans une certaine mesure, il n'y avait pas lieu, du moment que ce droit était admis, comme une conséquence néces-

[1] Ces affiches attiraient l'attention publique par ces mots : *Prize-money* ou *Prize-parts*, imprimées en lettres hautes de 12 à 15 centimètres.

L'une de ces affiches a été rapportée par le *Moniteur de la Flotte* du 28 février 1857. Elle est trop curieuse pour que nous ne la reproduisions pas ici en entier :

AVIS AUX MARINS.

Pour la formation des équipages suivants :

Acorn à Chathou ;
Elk à Chatham ;
Virago à Devonport;
Niger à Woolwich ;
Trator à Porstmouth ;

Rations régulières de qualité supérieure et excellents vêtements à prix réduits.

Des pensions

Seront données à ceux qui seront blessés et à ceux qui quitteront le service avec certificat de bonne conduite.

Et, quand par l'âge et les infirmités les marins engagés prendront leur retraite, ils seront reçus dans le noble établissement de Greenwich, ou ils auront

Des pipes et du grog.

S'adresser au lieutenant-commandant..... à la taverne du Royal-Rendez-Vous et à la taverne de Lord-Byron.

saire de la guerre maritime, à en réserver l'exercice à la marine militaire. Nous avons également démontré qu'il y avait une grande utilité à employer la course, qu'aucune considération puisée dans les règles du droit des gens n'en réclamait l'abolition, et que la déclaration de Paris pouvait donner lieu aux difficultés pratiques les plus sérieuses.

Si cette déclaration devenait une loi universelle, non pas avec l'interprétation de M. Duverdy, qui en fait une lettre morte, mais en ne laissant subsister d'autre marine militaire que celle qui est organisée et enrégimentée par l'État, alors, nous n'hésitons pas à le dire, la liberté des mers n'existerait plus, elle disparaîtrait au profit de la nation qui a la marine la plus nombreuse, la plus aguerrie et la mieux entretenue. La France, l'Europe continentale, les États-Unis d'Amérique, qui ont versé tant de sang et prodigué tant de trésors pour faire respecter les droits des neutres, reconnaîtraient la suzeraineté de l'Angleterre.

En effet, quel moyen les autres puissances maritimes ont-elles de rester à l'abri des entreprises de jour en jour plus audacieuses que le pavillon de l'Angleterre couvre sur toutes les mers, si ce n'est en inspirant à cette grande nation les plus sérieuses inquiétudes pour son commerce? Si la guerre maritime n'était faite que par des escadres de guerre, les flottes de la Grande-Bretagne seraient suffisantes pour les tenir en respect.

La marine militaire des autres États de l'Europe pourrait difficilement, à moins d'une entente générale, lutter avec celle de l'Angleterre, et avoir la certitude de la vaincre. Nous ne devons pas même faire d'exception en faveur de la France; en constatant notre infériorité marquée, nous ne voulons pas déprécier les forces et les ressources du pays, nous voulons dissiper des illusions que notre amour-propre national est si prompt à concevoir, à entretenir, et qui coûtent bien cher à la patrie quand l'heure du danger est venue.

Notre marine, il est vrai, a fait de notables progrès; le dévouement sans bornes des chefs qui la commandent, l'énergie et l'habileté des officiers et des équipages sont connus de tous; mais, si nous avons avancé, l'Angleterre nous a laissé bien loin derrière elle par les développements qu'elle a donnés à son organisation maritime. Nos marins sont aussi braves que ceux de l'Angleterre, mais ils sont bien moins nombreux. Nos flottes comptent moins de navires, nos arsenaux n'ont pas les mêmes richesses. Or il ne faut pas se le dissimuler, la victoire, dans les guerres maritimes, n'appartient ni au plus brave ni au plus habile : celui-là seul qui peut le mieux réparer ses pertes et supporter le plus longtemps le poids de la lutte est assuré de l'obtenir[1].

[1] D'après le *Navy List.*, l'Angleterre avait, en juillet 1855, à flot ou en chantier

Si nous examinons les ressources des autres puissances maritimes de l'Europe, nous ne pouvons pas méconnaître que jamais elles n'ont été aussi dénuées de moyens de résister à l'Angleterre.

La Hollande, le Danemark et la Suède n'ont plus les flottes qui, au siècle dernier, imposaient au gouvernement britannique le respect du droit des neutres, que les principes du droit des gens et les engagements les plus solennels étaient impuissants à lui inspirer. Trafalgar a vu périr les derniers débris de la marine espagnole, qui, dans la guerre de l'Indépendance, égalait presque en nombre et en valeur celle de la France. Navarin et Sinope ont détruit les flottes de la Turquie et de l'Égypte ; les grands établissements militaires de la Russie dans la mer Noire viennent d'être anéantis. Si la guerre (ce qu'à Dieu ne plaise) éclatait entre la France et l'Angleterre, nous cherchons vainement où seraient nos alliés, avec quels éléments une nouvelle ligue de la neutralité armée pourrait se former. Il n'y a pas aujourd'hui d'océan, de mer intérieure, de golfe, sur lesquels ne flotte le pavillon anglais, où les nombreux navires de guerre qu'il couvre ne trouvent des ports pour se réfugier, de riches arsenaux pour se ravitailler. Sur tous les points du globe ses bâtiments peuvent puiser dans de vastes dépôts le combustible, élément indispensable aux nouvelles flottes, et dont seuls ils seront approvisionnés au jour de la guerre. C'est donc maintenant plus que jamais que les gouvernements de l'Europe continentale doivent surveiller avec soin les envahissements et les usurpations de la Grande-Bretagne; c'est leur devoir, c'est la condition la plus essentielle du maintien de leur indépendance. Le droit de prise restant au code du droit des gens, l'armement en course est la sauvegarde des autres nations, car l'Angleterre regarde de très-près avant d'exposer son commerce aux chances d'une guerre maritime.

Mais, nous dit on, les faits protestent contre des appréciations de ce genre. L'Angleterre, en consentant à l'abolition de la course, n'a-t-elle pas fait les sacrifices les plus grands; si sa marine militaire dépasse, dans des proportions considérables, celle des autres États, sa marine marchande est encore bien plus nombreuse; contre un corsaire armé par une puissance de second ordre, elle peut en équiper dix ; elle renonce donc généreusement à la supériorité du nombre.

302 vaisseaux à voile, portant 11,472 canons, et 289 vaisseaux à vapeur, portant 5,818 canons. L'effectif de la marine royale de l'Angleterre était donc de 591 bâtiments de guerre, armés de 17,291 canons.

La marine marchande de l'Angleterre pouvait jauger, à la même époque, 4,300 000 tonnes; un septième seulement était mû par la vapeur. La marine marchande des États-Unis était à peu près aussi nombreuse; mais la marine militaire était véritablement insignifiante, puisqu'elle ne comptait que 72 bâtiments à voile, ayant 2,120 canons, 6 frégates à vapeur avec 300 canons, et quelques batteries flottantes pour défendre les ports.

Tel a été le raisonnement du *Morning-Post*, reproduit par le *Journal des Débats* et la *Revue des Deux Mondes*. Le *Morning-Post* allait même plus loin dans l'apologie qu'il faisait de son gouvernement. Il prétendait que, si l'on revenait sur la décision du Congrès de Paris, la bourse de Londres, loin de s'en effrayer, accueillerait avec faveur les sociétés qui pourraient se former pour commanditer l'armement en course.

Il n'est pas d'entreprise folle que la spéculation n'ait tentée; nous ne répondrons donc pas qu'elle ne donnât raison temporairement à cette manière de voir, mais les résultats définitifs ne tarderaient pas à la condamner. En effet, pour savoir si un peuple a intérêt au maintien de l'armement en course, il faut prendre en considération, non pas le mal qu'il pourra faire aux autres, mais surtout le mal que les autres peuvent lui faire. Or, plus la marine marchande d'une nation est nombreuse, plus elle doit redouter que ses ennemis n'arment en course, car elle leur offre de plus grandes chances de prise. L'Angleterre possède la plus riche marine marchande du monde, et sa marine militaire est assez nombreuse pour suffire aux nécessités de la guerre, comme à celles du pillage. A quoi lui servirait l'armement en course? Aussi, depuis près d'un demi-siècle, s'est-elle bornée à faire la guerre avec ses flottes. Les armateurs sont loin d'être favorisés par sa législation comme le sont les nôtres; ils sont obligés d'abandonner une partie notable de la prise, par cela seul qu'elle a été faite alors qu'un bâtiment de la marine royale était en vue, à quelque distance qu'il se trouvât. Si, dans la dernière guerre, la Grande-Bretagne n'a pas armé de corsaire, elle a écouté, croyons-le bien, la voix de son intérêt au moins autant que celle de la civilisation. La marine commerciale de la Russie était bien peu importante pour s'engager dans une voie où l'on pouvait trouver de terribles représailles. Les escadres anglaises ont fait main basse sur tout ce qui était à prendre, et le relevé officiel des prises faites sur les Russes montre qu'il y avait fort peu de chose à saisir[1].

Combien l'Angleterre n'avait-elle pas à redouter que la Russie ne délivrât des lettres de marque! Quelle émotion n'excita pas dans les villes des trois royaumes le bruit que des navires américains allaient recevoir des commissions du gouvernement russe! Avec quelle énergie la presse anglaise se faisait l'écho des inquiétudes générales! Ne dénonça-t-elle pas ces projets comme attentatoires aux principes du droit des gens, au moment où les agents de lord Palmerston enrôlaient des Amé-

[1] 205 vaisseaux ont été pris, sur lesquels 25 ont été rendus aux propriétaires, 7 n'étaient pas encore adjugés, 41 n'avaient pas de cargaison; celle de 18 autres a été rendue. Ces navires représentent le tiers du tonnage des vaisseaux russes qui ont visité les ports d'Angleterre en 1853, soit 30,000 tonneaux. (*Times* du 3 septembre 1856.)

ricains et des Allemands, au mépris des lois de la neutralité! On menaçait les aventuriers qui consentiraient à servir les Russes du traitement réservé aux pirates.

L'abolition de la course était donc de la plus grande nécessité pour l'Angleterre. Comment en douter après cette déclaration formelle du comte de Clarendon à la Chambre des lords :

« Je regarde l'abolition des lettres de marque comme étant du plus « grand avantage pour un peuple aussi commerçant que le peuple an- « glais. »

Lord Palmerston était encore plus explicite à la Chambre des communes, dans la séance du 5 mai, et exprimait ainsi son contentement : « C'est nous qui avons le plus gagné à ce changement. »

L'Angleterre est la puissance qui a tiré le plus grand profit de la déclaration du 16 avril 1856. Qu'a-t-elle, en effet, donné en échange de l'immense concession qui lui était faite? Rien ou bien peu de chose. Le comte de Clarendon avait cru, au moment où la déclaration fut soumise au Congrès de Paris, imposer un grand sacrifice à son pays en adhérant aux principes du droit des neutres, tels que l'Europe continentale les concevait.

« Ainsi que la France, disait-il, l'Angleterre, au commencement de « la guerre, a cherché par tous les moyens à en atténuer les effets, et, « dans ce but, elle a renoncé, au profit des neutres, durant la lutte qui « vient de cesser, à des principes qu'elle avait jusque-là invariablement « maintenus. » Il ajoutait que l'Angleterre était disposée à y renoncer définitivement, pourvu que la course fût abolie pour toujours[1]

Un mois plus tard, l'habile secrétaire d'État des affaires étrangères, mieux éclairé sur la valeur de ce qu'il avait abandonné au nom de son pays, disait à la Chambre des lords :

« L'abolition des lettres de marque est *plus que l'équivalent* de l'aban- « don d'un droit que je sais qu'il est impossible de soutenir. »

Ainsi l'Angleterre avoue avec une noble franchise que les avantages de la convention du 16 avril 1856 sont exclusivement pour elle : cela ne suffit pas pour éclairer les partisans aveugles du système que nous combattons. Pourquoi, disent-ils, s'irriter de la bonne fortune d'autrui? pourquoi se défier de l'Angleterre? pourquoi lui prêter des projets d'envahissement et de domination qui sont loin de la pensée de ses hommes d'État? Ne donne-t-elle pas tous les jours, dans son langage, des preuves de sa modération et de sa bonne foi? Le danger ne vient-il pas plutôt des États-Unis?

L'histoire nous a montré tout ce que l'Angleterre avait fait pour satisfaire son ambition. A-t-elle aujourd'hui, dans ce vaste empire qui

[1] *Moniteur* du 1er mai 1856.

couvre la face du monde, assez de débouchés pour une population toujours croissante, pour un commerce et une industrie dont les développements sont si prodigieux? Sa politique a-t-elle subi une transformation tellement complète, que la France et les autres puissances n'aient plus aucune inquiétude à concevoir? Nous désirerions vivement pouvoir répondre affirmativement à ces questions.

L'Angleterre, il est vrai, est notre alliée la plus intime; mais il ne faut pas que les ravissements d'une union encore toute récente nous fassent perdre de vue les éventualités de rupture que nous nous efforcerons d'éloigner autant qu'il sera en nous. Il y a dans cette grande nation un nombre considérable d'hommes intelligents qui veulent sincèrement vivre en bons rapports avec nous comme avec les autres peuples, et qui renonceront volontiers à toute idée d'agrandissement incompatible avec ce désir; la politique des deux Pitt, celle de Canning, n'auraient aucune chance de triompher, même auprès de la foule. Lord Palmerston lui-même, avec cette présence d'esprit qui lui a permis de se perpétuer depuis 1808 dans le gouvernement de la Grande-Bretagne, avec les combinaisons whigs ou torys, se garderait bien de tenir dans le Parlement le langage acerbe du secrétaire d'État des affaires étrangères en 1840. L'Angleterre dit bien haut qu'elle veut la paix, qu'elle n'aspire plus à d'autres conquêtes qu'à celles de la paix, mais, chose étrange, elle commente cette déclaration de principes comme Napoléon le Grand l'a toujours fait, elle est en guerre presque partout. Longtemps après le Congrès de Paris sa flotte est restée dans la mer Noire, où elle n'avait que faire, la guerre une fois terminée. Une escadre anglaise observe le Pirée avec assez peu de bienveillance, une autre escadre regarde la Sicile d'un œil de convoitise: voilà pour l'Europe. En Asie, sans parler de la manière sommaire dont la Compagnie des Indes confisque les États qui avoisinent ses possessions, les vaisseaux et les armes de la Grande-Bretagne n'attaquent-ils pas les deux grands États asiatiques, la Perse et la Chine? Enfin il n'est pas jusqu'à la pauvre petite république de Venezuela qui ne voie flotter dans ses eaux le pavillon menaçant des trois royaumes. Il faut en convenir, c'est un singulier mode de témoigner son amour pour la paix universelle que de se mettre en guerre avec le monde entier!

Il n'y a pas de bonnes raisons que l'Angleterre et ceux qui croient à sa mission providentielle ne mettent en avant pour expliquer des contradictions aussi flagrantes. Si l'on voit le gouvernement anglais faire assez souvent la guerre, disent ses apologistes, s'il laisse rarement écouler une année sans ajouter quelques nouvelles provinces à ses vastes possessions, c'est uniquement dans l'intérêt de la civilisation et du commerce. Nous voudrions pouvoir accorder à ceux dont nous avons réfuté les doctrines qu'il y a dans les faits récents quelques circonstances qui puissent, sinon leur donner raison, du moins expliquer leur erreur; nous ne pouvons même pas leur faire cette concession. Toutes les fois que le gouvernement anglais croit ses intérêts en jeu, il s'inquiète peu de ceux de la civilisation. Sa politique, sous ce rapport, n'est ni moins étroite ni moins exclusive qu'elle ne l'a été dans le passé. N'est-ce pas à des inspirations de ce genre qu'il faut attribuer l'opposition systématique que font le cabinet anglais et lord Strafford de Redcliffe, son représentant à Constantinople, au percement de l'isthme de Suez?

Nous voudrions croire que l'heure des regrets et des réparations est enfin venue, que le peuple anglais condamne ce système; mais nous ne pouvons nous dissimuler qu'au moment même où nous écrivions ces lignes aucun doute n'est plus permis, même à d'excellents alliés. En dissolvant le Parlement, lord Palmerston a appelé ses concitoyens à se prononcer sur sa politique et à en accepter la responsabilité. Non-seulement il a reçu l'approbation de la grande majorité, mais les plus illustres et les plus ardents adversaires de cette politique, Cobden, Bright, Cardwell, Gibson, ont succombé dans la lutte électorale.

Il est donc évident que le moment serait bien mal choisi pour se priver des moyens d'action que l'Europe et la France peuvent avoir contre l'Angleterre. Il faut, ou bien adopter la proposition libérale, sage et chrétienne des États-Unis en proclamant l'inviolabilité de la marine marchande en cas de guerre, ou conserver le droit d'armer en course, car, ainsi que l'écrivait M. Marcy dans sa note du 28 juillet 1856: « Un État prépondérant sur mer est plus dangereux pour la paix du « monde qu'un État prépondérant sur le continent[1]. »

HENRY MOREAU,
Avocat.

P. S. Au moment où cet article était sous presse, une nouvelle discussion s'engageait dans la Chambre des communes sur la déclaration du Congrès de Paris et les propositions de M. Marcy. Il n'est pas sans intérêt de voir comment une certaine fraction du parlement britannique entend encore aujourd'hui le respect dû aux traités. Plusieurs orateurs ont revendiqué avec énergie ce qu'ils appellent les anciens principes de l'Angleterre sur les droits des neutres. M. Lindsay, après avoir dit qu'il était de toute utilité que les marchandises ennemies puissent être saisies même sur les bâtiments neutres, a ajouté que la déclaration du 16 avril 1856 ne pourrait avoir aucune valeur en cas de guerre.

[1] « A Predominant power upon the ocean is more menacing to the well being of others than such a power on land. »

Il a cru, sur les remontrances qui lui en ont été faites, tenir un compte suffisant des traités en disant que le pays ferait appel à la Chambre, qui devrait alors mettre la déclaration de côté. Sir C. Napier, qui apporte autant de fougue à la tribune qu'il mettait de prudente réserve à bord de son vaisseau amiral sous les murs de Cronstadt, a regretté l'abandon du blocus de cabinet; il a terminé en conjurant la diplomatie qui avait mis l'Angleterre dans un mauvais pas de l'en tirer. Ces paroles ont été accueillies par des applaudissements. Lord Palmerston, après avoir défendu le traité de Paris, a expliqué que, par suite de l'élection de M. Buchanan à la présidence des États-Unis, les propositions de M. Marcy n'avaient plus eu de suite, la nouvelle administration ayant signifié qu'elle n'entendait pas s'y associer. Le *Times*, changeant encore une fois d'opinion sur cette matière, n'a pas assez d'éloges pour la proposition de M. Marcy, qu'il avait si vigoureusement attaquée en octobre 1856. Heureux ceux qui, comme lui, reviennent toujours avec autant de conscience à leur première opinion.

www.ingramcontent.com/pod-product-compliance
Lightning Source LLC
LaVergne TN
LVHW010102230826
846091LV00005B/2049
9782012891456